学习一门
与孩子沟通的语言

田冉 —— 著

吉林出版集团股份有限公司｜全国百佳图书出版单位

图书在版编目（CIP）数据

学习一门与孩子沟通的语言 / 田冉著. -- 长春：
吉林出版集团股份有限公司, 2022.7
　（妈妈是女王）
ISBN 978-7-5731-1680-2

Ⅰ.①学… Ⅱ.①田… Ⅲ.①家庭教育 Ⅳ.①G78

中国版本图书馆CIP数据核字(2022)第117267号

学习一门与孩子沟通的语言
XUEXI YIMEN YU HAIZI GOUTONG DE YUYAN

著　　者　田　冉
出 版 人　吴　强
责任编辑　孙　璐　李　浩
责任校对　宋倪玮
开　　本　880 mm × 1230 mm　1/32
印　　张　9.5
字　　数　159千字
印　　数　5000
版　　次　2022年7月第1版
印　　次　2022年7月第1次印刷
出　　版　吉林出版集团股份有限公司
发　　行　吉林音像出版社有限责任公司
　　　　　（吉林省长春市南关区福祉大路5788号）
电　　话　0431－81629667
印　　刷　固安兰星球彩色印刷有限公司
ISBN 978-7-5731-1680-2　　定　　价　58.80元

如发现印装质量问题，影响阅读，请与出版社联系调换。

在面对孩子时，你是否有过这样的无力感：

希望孩子具备的责任心、目标感、使命感，苦口婆心地表达了很多年，孩子不但没有建立，反而对自己的唠叨表示反感；

希望孩子从小就养成的良好学习和行为习惯，强调了无数遍，效果微乎其微，甚至适得其反；

希望孩子无论遇到什么困难，都可以第一时间告诉自己，但事实是，自己不但是最后一个才知道真相的人，而且还发现孩子的心离我们越来越远；

希望孩子在某些事情上可以接受我们的想法，采纳我们的意见，但往往话还没说完就被嫌弃或打断……

为什么我们父母倾尽心力的"输出"与孩子的"获取"是那么的不匹配，好像我们"说"什么孩子都很难"听"进去似的。问题的核心在于我们没有掌握一门"语言"，一门与孩子沟通的语言——情绪语言。

当你的孩子一边拉着你的胳膊，一边腻歪着说："老妈，你最好了！你是世界上最好的老妈！"这时候，你在想什么？难道

你在想：孩子终于认识到我的好了？恐怕是在想：这孩子又有什么事情要有求于我了！

为什么孩子所表达的字面意思，和我们获取到的真实信息是不一致的呢？因为人类的本能是下意识地捕获对方的情绪信息，这也是人与人之间互动最真实的语言。

由于作为父母的我们之前忽略了这一点，所以我们传递给孩子的往往是字面意思，而孩子获取到了怎样的情绪信息，我们是不清楚的，更不要提可控了。

在这样的前提下，我们的教育效率是非常低下的。即便一个很小的问题——"孩子看了某些电影场景吓得不敢入睡"，也很难被解决，因为我们只能从表象上告诉孩子那些画面都是假的，而孩子的想法是不会因为这些道理而改变的，这就是为什么会"江山易改，本性难移"。

本书通过思维方式的转换（从 After 式到 Before 式），帮助家长判断和还原孩子的真实情绪，这是教育的基础。同时，为了让大家更清晰地了解教育的核心方法与步骤，本书还提出了教育方程式的概念（教育方程式：教育者的行为输出 + 特定属性的教育主体 = 教育主体所产生的情绪和想法），把抽象的教育指导方式以数学方程式的形式展现出来，让更多教育者可以清晰地看到教育的步骤以及流程，帮助更多家长来精准、高效地解决教育问题。

　　本书以大量科学、完善的"临床"数据为参照，让广大教育者无论是从理论还是实践层面都能深刻体会到信息对人的影响和改变；让父母深刻认识到掌握了这门与孩子沟通的语言便可实现与孩子之间信息的精准传递，让孩子的优秀不再是概率！

目录
Catalogue

第一章

情绪是最真实的
语言

如果你的女儿一边拉着你的胳膊，一边腻歪着说："老妈，你最好了！你是世界上最好的老妈！"

这时候，你在想什么？

你在想：我女儿终于意识到我的好了！

还是在想：这丫头估计又想买什么东西了……

你有没有发现在日常生活中，自己在获取对方传递的信息时不只是字面意思？就像上文提到的"老妈，你最好了！你是世界上最好的老妈！"做母亲的听到孩子有这样的表达，第一反应就是："这孩子又要有求于我了……"字面意思和我们获取的真实信息完全不同。

当然还有更神奇的，例如，还是以上案例，多种不同的字面意思都能让我们获取"这孩子又要有求于我了"这同一种信息。

例如："老妈，你觉得我最近表现得怎么样？"

"老妈，我们学校老师都说我最近表现得非常好！"

"老妈，你累了，我帮你捶捶背！"

"老妈，你别动，让我去洗碗！"

是不是感受到了相同的信息？那我们是如何通过不同的字面意思获取同一种信息的呢？

这里面的参考因素是——情绪，字面意思是什么其实并不重要，我们可以直接通过对方传递的情绪来获取最真实的信息。

不同的字面意思，相同的情绪，我们便获取相同的内在信息；

相同的字面意思，不同的情绪，我们便获取不同的内在信息。

Part1
相同的表达，不同的内在情绪

老妈，你最好了，你是世界上最好的老妈

◇◆ 故事 1 ◆◇

"莹莹，你看妈妈给你带什么回来了？"说着，妈妈就从背后拿出了莹莹心仪已久的粉色毛绒兔！

莹莹的眼睛瞬间放出光芒："老妈，你最好了！你是世界上最好的老妈！"

这时我们获取的情绪信息是：一种由内而外的真诚表达，孩子在表达自己激动又兴奋的心情。

◇◆ 故事 2 ◇◆

　　一个女孩儿反复挑选着眼前的玩具，都是她最喜欢的款式，没办法做出最终的决定。她堆了一脸的"坏笑"走到妈妈面前："老妈，你最好了，你是世界上最好的老妈！"

　　女孩儿的妈妈会意地笑了一下："说吧，你想买哪几个？"

　　这时我们获取的情绪信息是：老妈，你能不能多买几个玩具给我？

◇◆ 故事3 ◇◆

终于放暑假了，陆晨正在计划着要去哪里玩儿，到哪里去品尝美食，这时候妈妈下班回来了，带了两套奥数题，一套英语卷子，一本优秀作文选……

"陆晨，放暑假了，时间充裕了，咱们利用假期时间，抓紧把薄弱的环节补一补！"

陆晨眉头一紧，一只手反复地搓着头皮。他咬紧了后槽牙，从牙缝里挤出了一句话："老妈，你最好了……你是世界上最好的老妈……"

这时我们获取的情绪信息是：陆晨在表达一种无奈或者崩溃的情绪。

日常生活中，类似的场景还有很多，例如，你刚买了条新裙子，你的女儿跑过来对你说："老妈，新裙子真好看！"

你的回答是："好看吧，我也觉得挺好看的。"

可有的时候你的回答却是："又来拍马屁了！"

还有的时候你的回答是："嘲笑我是不是？告诉你，我可听出来了！"

为什么对方相同的字面意思，会换回我们不同的回答呢？那是因为我们下意识地把对方的表达解读成了不同的情绪（暂且不讨论解读是否精准）。我们在获取信息时，会无形地把对方传递的信息翻译为情绪信息，这是人类的本能。

Part2
不同的表达，相同的内在情绪

◇◆ 故事 1 ◇◆

王坤（初中生）刚回到家，鞋还没有换，妈妈就迫不及待地问："今天作业多吗？"还没等王坤回答，她又接着说："先吃饭吧，吃完饭就刷牙洗脸，省得你写完作业又懒得动了。今天数学老师有没有批评你？"

"没有。"王坤很无奈地回答。

"没有？幸亏我不是你的数学老师，否则就你那字儿，就你那省略步骤的写法，都够让我好好教训你的！一会儿你吃完饭，别干别的，先写数学作业，不知道为什么一个男孩子会没有逻辑。唉？我说了这么多你听到没有？"

"听到，听到了，我一直都在恭听您的教诲！妈，我能安静地吃饭了吗？"

这时候我们获取的情绪信息是：对方烦了。

◇◆ **故事 2** ◆◇

小宇上五年级，他们班的很多孩子都已经自己独立上学、放学了。在他的强烈要求下，姥姥也答应让他自己去上学，可是每天早上姥姥都要站在门口叮嘱一番："小宇，你在路上别贪玩，直接去学校，路上可别拐弯；到学校听老师的话，可不许跟同学打架；你爸妈挣钱不容易，你可千万别……"

"姥姥，我知道了，知道了！求求您，在这美好的早上放过我吧！"

这时候我们获取的情绪信息是：对方烦了。

◇◆ **故事 3** ◆◇

"王臻，你怎么又拿着手机进浴室洗澡？你怎么净做一些让我费解的事情？你身边有哪个同学像你这样？还有洗完澡以后能不能直接把脏衣服扔进洗衣机，不要把它们扔得房间里到处都是。还有你的房间，那是人住的地方吗？都快没地方下脚了……"

"母亲大人，您的教诲儿臣明白，只是此时此刻，请您允许我独自静静地洗澡好吗？谢谢您！"

这时候我们获取的情绪信息是：对方烦了。

虽然表达方式多种多样，并且大多都是"听到了""知道了""明白"这样的认同词汇，但是我们感受一下孩子的真实情绪，就能体会到对方已经烦了。

字面意思是什么其实并不重要，传递出的情绪信息才是我们获取的真实内在信息。

有一次，我看到两个女中学生闹别扭，女孩 A 走在前面说："太过分了，你做得太过分了，没办法被原谅！"女孩 B 耷拉着脑袋跟在后面，感觉非常自责。

到了电梯口，女孩 A 走进了电梯，女孩 B 却非常沮丧地站在原地，电梯门马上就要关了，女孩 A 立刻伸手把电梯门拦了回去，并且说道："你不打算进来？"

女孩 B 抬头看了她一眼，连续"嗯嗯"了两下，就开心地冲了进去，女孩 A 也笑了。

试想一下，如果女孩 A 表达的是"你不想和我坐同一部电梯？"或者"你居然打算让我自己下去？"大家感受一下，这些不同的表达，是不是也能让对方体会到自己被原谅了。所以字面意思是什么并不重要，重要的是对方传递了怎样的情绪信息。

Part3
表象行为不是表象行为

在日常生活中，不仅语言表达与内在情绪从表象上看毫无关系，行为输出往往也是如此。

> 有一天，Super（一年级，我的女儿）放学回来就一头扎进自己的房间，闷坐在里面。几分钟后，她把笔袋拿出来，铅笔摆了一桌子。又过了几分钟，她把铅笔往旁边一推，开始拿出卷子改错，还没改几道就开始喊人："姥姥，有没有自动铅笔？我不想用铅笔！"姥姥把一支她最喜欢的自动铅笔递给了她。
>
> 一会儿写错了，就又喊道："姥姥！我的橡皮不好用，总也擦不干净！你给我拿块儿新的！"
>
> 姥姥拿了新橡皮过去帮她把写错的地方擦干净了，这时候发现她有一道改过的题还是错的，就用铅笔轻轻帮她圈了一下，这时候 Super 突然怒了："姥姥，我的卷子上是不可以乱画的！"姥姥不知所措地站着说："那擦了不就行了。""不行，就是不行！"Super 依旧很生气。
>
> 这时候，在客厅观察了半天的我走进 Super 的房间，姥姥看我进来就出去了。我坐到 Super 的小床上，把她拉到我面前："Super，你是不是因为卷子写得不好被老师批评了？"

她一听到我的话，立刻就哭出声来："老妈，我不是故意的，我只是想把每个字都写好，可是写得太慢了，所以才没写完！"

看来老师是因为她卷子没写完批评她了，她在被批评的委屈情绪里，所以才"这也不行，那也不行"的。

有很多这样的场景，我想大家并不陌生。例如衣服不舒服，饭菜不合口味，房间太冷或者太热等等，往往真实情况和孩子表象描述的这些事情没有任何关系，而是他们处在委屈、焦虑或者急躁的负情绪里。这时我们会发现，表象的问题永远解决不完，因为只要情绪还在，它就会以各种"事件"的形式来散发。

把孩子的表象行为翻译成情绪信息，才能找到"行为"产生的源头，真正地解决问题也是要从溯源开始的。

谁说我不在乎

Super 像往常一样，放学回来先把猫咪抱在怀里腻歪一会儿，然后开始"捯饬"自己的各种玩具，接下来又心情愉悦地去吃晚餐……

姥姥看到 Super 的表现，悄悄跟我说："今天忘带算数本被老师批评了，我看批评也是白批评，人家根本不在乎。"我听了我母亲的表达后没有发表任何意见。

晚饭后没一会儿，Super 本身是在床上玩儿娃娃的，可是她却睡着了。姥姥收拾完碗筷走进 Super 的房间，很惊讶地说了一句："孩子这么早就睡了？"

我说："情绪不好，没心情干别的，只能睡觉了。"

　　Super 不是不在乎老师对她的评价，而是不希望其他人看出来"她很在乎"，所以尽量保持着像往常一样的生活状态和生活习惯。就像我们很多时候心情不好，不希望其他人看出来自己心情不好，是一样的。如果我们误读了这类情绪信息，又去把孩子批评教育了一番，就会在孩子的情绪层面多加了一层委屈。

　　几年前有一位父亲把他的儿子送过来接受教育指导，那位父亲的表达是：这个孩子没有荣辱观，别人对他说什么，做什么，他都无所谓，不在乎。

　　当时，我拿出一支黑色签字笔对这个孩子说："我问你一个问题，如果回答错了，我就在你的手背上画一道。"

　　那个孩子立刻把手收回去了："不要啊，太丑了。"他的意思是，往手背上画一道黑线太丑了。所以这个孩子并不是没有荣辱观，只是家长认为他没有罢了。

Part4
没有行为输出不代表没有内在情绪

　　我带高中生那年，有个学生总是坐在离我最远的位置，每次在我的课上都低着头，从不看我。下课后，其他同学过来问问题、交流，他也只是低着头坐在自己的位置上，一动不动。

　　每次大家问题问完了，准备离开了，就会对着他喊一句："走了！还坐着呢？"然后他便慢吞吞地把东西收拾好，随着大家一起离开。

　　私下里，我的助教跟我说："田老师，坐在最后的那个学生，好像不太想上您的课，每节课都没有反馈，感觉他什么都没听进去。"

　　"他不但都听进去了，而且很快就会开口说话。"我当时非常笃定地回答。

　　后来没过多久，一次课的课后，我让他过来坐我旁边。我坐在教室里的阶梯上，他坐在挨着我的下一阶上。我轻轻地凑到他耳边说："如果你有什么想对我说，那么我非常想听；如果你不想说，以后下课了你可以在我身边坐着。"

　　听完我的话，这个大小伙子的眼泪一下子淌了出来："老师，我一直都想跟您说……"

　　一个孩子没有外在的行为反馈，不代表他没有内在的情绪波动。外表的平静有时候代表的是内心的平静，有时候代表的是内心的喜悦，而有时候却代表着内心的纠结和挣扎。同样是平静，同样是没有行为输出，我们要感受孩子的内在情绪，这才是他们最真实的一面。

Part5
每一种情绪都应该被解读

如果每一种行为表象背后都有一种与之相匹配的情绪信息，那么我们是否每次都能精准解读，将表象的语言或者行为信息翻译成真实的情绪信息呢？

作业太多烦死了

明赫上了妈妈的车就开始絮叨："烦死了，今天作业好多啊！"看老妈没反应，他又接着说道："烦死了，今天晚上肯定又得十二点才能睡！"他看老妈依旧没有反应，就又提高了音量说："哎，作为一个高中生，命好苦啊！"

"烦烦烦，你就知道说烦，你一个学生有什么好烦的！十二点睡也是你愿意！就你天天写个作业拖拖拉拉，能十二点睡就不错了！"半天没说话的明赫妈妈突然爆发了。

明赫一下子愣住了，几秒钟之后他开始反击，对抗一发不可收拾，最后母子俩把车停在路边，跳下车吵了一架！

在人际交往过程中，为了避免情绪上的尴尬，往往会出现一种叫作"找话说"的现象。

例如：逛街时女生不开心了，男生往往会说："你看，那不是你一直想买的裙子吗？"吃饭时女生不开心了，男生往往会说："哎哟，今天这个菜的味道可不一般呐！"

这时候的表达，不一定代表真的遇到了女生心仪的裙子，也不一定是真的吃到了美味佳肴，而是希望通过"找话说"来缓解对方不美好的情绪。

那么，明赫的表达也是这个初衷，自己和妈妈在同一辆车上一言不发，感觉很奇怪，所以他试图通过这样"找话说"的方式，缓解一路同行的尴尬。明赫的母亲显然没有获取儿子的真实情绪，所以便有了"停车争吵"的结果。对于孩子来讲，由于自己的真实情绪没有被解读，那么很有可能在未来的日子里产生一种"懒得和你说"的情绪。

炫酷的眼镜

上次见李昱哲还是半年前，现在他已经上初二了。以前不戴眼镜，现在戴着湛蓝色边框搭配着纯白色眼镜腿的眼镜，并且还学会了时不时用手撩一下自己的头发。

他在教学楼里见到我，跟我打了声招呼："田老师，好久不见！"

"好久不见，帅多了，也知道打扮自己了，看来长大了，有心仪的女生了。"我刚说完，他下意识看了周围一眼，然后

对我比了一个"嘘"的手势，紧接着用恳请的口吻跟我说："田老师，您可千万别告诉我妈啊。"

"你妈怎么评价你的这副眼镜？"

"她说还挺酷的！"

一个上初二的孩子，戴了一副很醒目的眼镜，并且还多了撩头发的动作，那么这个孩子的装扮以及整体行为，透露出他是在一种"看我帅不帅"的情绪里，为什么会沉浸在这种情绪里呢？很可能是他有心仪的女生，想以此吸引对方的注意或者关注。

孩子的一言一行，包括穿着打扮都透露着强大的情绪信息，我们应该反推孩子是在什么情绪里，所以才会产生现有的言行或者是装束。

当我们解读了孩子的情绪信息，便不会评价他佩戴的眼镜是"酷"，而会把表达内容转换为："你佩戴这样的眼镜，很难让我相信你是为了好好学习而配的！"

父母如果没有正确解读孩子的装束所传递出的情绪信息，那么很有可能对孩子"显摆自己"的情绪是一种默许和推动。

女孩的痛苦

一位来自河北省的母亲，带着自己上初一的女儿小蕾到北京看病，经过医院心理科的诊断，小蕾被确诊为中度焦虑和重度抑郁。

这个孩子因为学习成绩非常差，经常以泪洗面，非常简单的题目也不会解，很简短的文章也背不会。四年级之前，这个孩子的学习成绩非常好，自己也是一个好强的人。可是近些年，无论怎样努力，成绩都是非常糟糕的。

身边的老师们也都看到了她的付出，所以经常宽慰她的父母说："孩子已经尽力了。"可是小蕾还在不断对自己施压，她不相信自己会成为一个"差生"！

当我见到小蕾的时候，很难想象她是一个初一的女孩子，因为她的个头很像是高中生。在跟我交流的半个小时里，无论站着还是坐着，她一直都是含着胸的，尤其在我旁边的时候，她把两条腿紧紧地并在一起，双手交叉着放在嘴边，胳膊肘放在大腿上。当时我有一种很强烈的感觉，她处在一种想把自己包裹起来的情绪里。

"你有没有发现很多女生一旦上了初中，成绩就会下滑？"

她瞬间就转身看着我，显然对这个话题很感兴趣。我继续表达道："不是她们不够聪明，也不是不够努力，而是被一种负情绪包围着，这种负情绪可以称为'羞怯'吧。往往是由于发育带来的'难为情'或是'不好意思'，在这种羞怯，甚至是羞愧情绪下，便很难心态平稳地从环境中获取信息，就像紧张或者害怕的时候，你很难从环境中获取信息是一

样的。"

小蕾恍然大悟地看着我。

我接着问了一个问题："你是在几年级的时候发育的？"

她仿佛释然了一些，很正常地回答说："三年级。"

一个人在非正常情绪里，无论做什么都是很低效的。伤心、难过、纠结、痛苦、尴尬、郁闷，甚至亢奋，都会降低一个人在环境中获取信息的效率。

我的一个朋友，曾经在和她老公吵架之后到单位开会，她全程听不到领导在说什么，甚至不清楚整个会议有几个人参加。

还有我上大学的时候，有一次期末考试，有个同学因为作弊被老师收走了卷子，受到这种情绪的影响，当天考试的其他科目都没有写完，她说不知道为什么，脑子很混乱，连题都读不懂。

小蕾非常想学习好，但再怎么努力也无济于事的原因，是她处在一种非正常情绪里。第一点，她发育得比较早。对于很多女孩子来讲，身体上的发育是一件让自己很紧张、很羞怯的事情。第二点，她长得比同龄人高多了，即便每天含着胸也很难掩饰。

小蕾长期在这种非正常情绪里，担心其他人怎么看她，担心自己与环境格格不入等等，过多的复杂情绪，让小蕾不能静下心来学习，这是她学习效率低下的主要原因。

这个原因被找到，并且在小蕾接受教育指导后，大家也可以想象小蕾重返学校时的状态以及学习效率。从她母亲后期提供的反馈我们了解到，小蕾的学习成绩在她离开北京后的两个月，已经名列前茅了。

每个人的一言一行，一举一动，无不透露着情绪信息。"老妈，你最好了"可能有很多种与字面意思毫不相关的含义。而"知道了""听到了""明白了"这类的表达又可能是在敷衍或是对抗。表象行为和真实意愿往往没有任何内在关联，只有通过情绪我们才能找到对方内在最真实的答案，情绪是每个人最真实的语言。

◇◆ 故事 1 ◆◇

一个小朋友，总是盯着你手里的巧克力吞咽口水，然后你说："小朋友，这块巧克力给你"，可是他却说："阿姨，我不要，我不爱吃巧克力。"

无论他如何表达，我们获取的情绪信息是：他很想吃，只是不好意思或者不敢吃罢了。

◇◆ 故事 2 ◆◇

一个刚上大一的女孩，突然被母亲问道："我听你同学说，你在学校谈恋爱了？那个男孩是哪里人？成绩好不好？父母是做什么的……"女孩马上变得满脸通红："哎呀，妈，你说什么呢？我困了，我困了，你快回你自己房间。"

这时候我们获取的情绪信息是：女孩不好意思了，害羞了。

◇◆ 故事 3 ◆◇

一个男孩期中考试成绩非常糟糕，他的父亲被请到学校去开家长会。晚上，男孩一直非常忐忑地等待父亲回家。他父亲一进门，男孩立刻走上前："爸爸，你渴吗？晚饭吃了吗？"

这时候我们获取的情绪信息是：这个男孩想试探一下，父亲开完家长会之后的反应。

以上几个小故事，我想大家都不陌生，一个人的外在表现（语言、动作等）与内在的真实情绪之间，往往是没有什么必然联系的。

一个人很痛苦的时候，往往会说："没什么"；

一个人很在乎的时候，往往会说："不重要"；

一个人很心疼的时候，往往会说："没感觉"……

获取对方真实的情绪语言、情绪信息，而不是表象信息。在人际关系中是了解一个人的开始；在亲子关系中是教育的开始。

本章总结

一个人外在的行为表象与其内在的真实情绪之间往往没有什么必然联系。解读一个人最真实的情绪语言，在人际关系中，是了解一个人的开始；在亲子关系中，是教育的开始。

第二章

教育第一步
　　——解读与还原情绪语言

　　你的同事递给你儿子一杯奶茶，这时候你儿子说："我不喝，我真的不喝。"孩子的真实情绪是什么呢？

　　他是真的不想喝，

　　还是由于客气不好意思喝？

　　还是由于你在所以不敢喝？

　　任何一个行为表象背后都会有 N 种可能性，如果行为背后的真实情绪是唯一的，那么对于孩子的情绪语言（情绪信息），你是否能正确解读呢？

Part 1
我们能正确解读孩子的情绪语言吗

◆◇ 故事 1 ◇◆

老李给同事老肖的儿子小肖递了一杯奶茶，这时候小肖说："叔叔，我不喝，我真的不喝。"

老李："没事，你喝吧，只要是我给你的，你爸不会说什么的。"

小肖想了想，说了一句："谢谢叔叔。"之后便痛痛快快地畅饮起来。

隔天老肖看到了老李的儿子小李，就递给他一瓶可乐，说："小李，给你瓶可乐。"

小李："谢谢叔叔，我不喝。"

老肖："你喝吧，没关系的，只要是我给你的，你爸不会说什么的。"

小李："叔叔，我真的不喝，我们家里有好多可乐，但我比较喜欢喝苏打水。真的谢谢您。"

老肖认为所有的孩子说"我不喝"都是不好意思或者不敢喝，没想到小李是真的不想喝。

◇◆ **故事 2** ◇◆

Super 六岁的时候跟 Soldier（Super 的老爸，退伍军人）一起去看爷爷奶奶。奶奶很久没见 Super 了，所以格外激动，立刻带着 Super 到楼下的便利店给她买好吃的。

Super 逛了两圈发现自己没什么想要的，就要空着手走出便利店。奶奶一把拉住自己的孙女，说道："Super，你想买什么，想吃什么，尽管跟奶奶说，你爸妈不会说什么的！"

Super 不太明白是什么意思，就很直白地回了一句："奶奶，我没什么想要的。"

奶奶依然觉得孙女是不敢要："这孩子，怎么还不相信奶奶，不信回去问你爸，是不是奶奶说了算？"

Super 说："嗯，奶奶说了算。"但她最后依旧没有什么想要的东西。

一句"没什么想要的"，是不想要，不好意思要，还是不敢要，通过字面意思是很难找到答案的，唯有体会语言背后的情绪才能找到孩子真实的意图。

正确解读孩子的情绪语言，是教育的第一步，是对真实事件的判断与还原，只有首先确定了这是一件什么事，才能够有的放矢地解决问题。而最大的难点恰恰就在这第一步上，因为我们往往会忽略这一环节，按照表象信息去判断和处理问题。

Part2
用 Before 式的思维方式还原真实情绪

老爸，这道题该怎么做？

小程是一名四年级的小学生，他每天放学喜欢先"摆弄"自己的各种模型，然后再做作业，可是很多时候放下模型就已经是晚上九点或者十点了。

有天晚上又玩到了九点半，他通过敞开的房门观察了一下他的老爸，此时他的老爸正在客厅里走来走去，并且神情非常焦虑。

这时，小程赶快打开数学作业，拿着课本冲到客厅来请教老爸一些数学问题。

我们来还原一下小程的真实情绪，他为什么要问老爸数学题呢？

1. 他遇到了难题，需要向老爸求助。

2. 他希望老爸能帮助自己尽快完成作业。

3. 他看老爸情绪糟糕，试探一下是不是因为自己这么晚还没开始写作业。

◎故事继续◎

小程："老爸，这道题怎么做？"

程爸："我看看，哦，这道题是检验你遇到括号时的计算顺序是否清晰，你看啊……"

当程爸非常细致地回答了小程的问题后，小程回到房间又玩了半个小时模型。因为小程从老爸的反馈中了解到，老爸刚才的焦虑情绪与他是否写作业是无关的。

孩子问了我们一个问题，常态下，我们的思维方式是 After 式的，After 式的思维方式注重的是：行为产生以后要如何解决。但为了更精准地解决问题，我们首先应该用 Before 式的思维方式（Before 式的思维方式探究的是行为为什么会产生）来思考问题：为什么要问这个问题？为什么会这么问？为什么从这个角度来问？ Before 式的思维方式有利于还原孩子的真实情绪，因为它关注的是行为产生的必要条件。

假如程爸在小程问自己问题的时候，按照 Before 式的思维方式进行思考，小程为什么过来问我问题，他真的不会吗？为什么是这个时间来问我？他是真的有问题要问，还是为了试探我对他"写不写作业"这个事情的态度……有了这样的思维方式，我们就可以还原孩子的真实情绪，那么结果就可以被改写成以下的样子。

◎ 故事改版 ◎

小程："老爸，这道题怎么做？"

程爸："这道题怎么做，首先得看你想不想做。你不用通过试探我的情绪来决定你要不要做作业，因为作业是你的事情，它与我无关。"

这么表达，不但让儿子知道自己已经解读了他的真实意图，还让孩子为刚才的行为感到羞愧，更重要的是建立了自己在孩子意识层面的高权重。

哥哥不给妹妹吃零食

邓敏有两个孩子，昊然是哥哥，昊雨是妹妹。邓敏因为哥哥总是欺负妹妹而烦恼，她曾经描述过这样一个画面：她在厨房给两个孩子做晚餐，一会儿就听到妹妹的哭声，她跑到客厅，看到哥哥一个人在吃零食，妹妹在旁边眼巴巴地看着。看到哥哥这么自私，她一下子就怒了，把零食一把抢过来，塞到了妹妹手里："做哥哥的怎么不知道让着妹妹呢？她那么小，你就忍心让她在旁边看着？"说完就抱起妹妹走开了。

我们首先用 Before 式的思维方式分析一下妹妹为什么哭？

1. 哥哥不给自己吃零食，委屈地哭。

2. 哭给妈妈看的，想让妈妈觉得自己委屈，把零食从哥哥那里拿过来。

之后，我们再用感受去评判到底是哪一种？这里面的区别在于度不同，也就是节奏不同（节奏是指量与量之间的关系）。简单来讲，如果孩子只是委屈地哭，那么音量是正常音量；如果是哭给妈妈看的，那么这个音量是要能够抵达厨房的，所以就会大于正常哭泣的音量。

如果孩子的情绪是后者，我们的教育方式是不是就改变了？

○故事改版○

　　"昊雨，如果你想要吃哥哥的零食，应该想办法让哥哥给你，或者请求哥哥给你，而不是让妈妈对哥哥提要求，这是你们兄妹俩之间的事情。"

　　这样处理既不会"绑架"老大，又不会娇惯和纵容老二，对两个孩子来说，都是合理的解决方式，并且由于做母亲的精准解读了孩子的情绪信息，还会提升在孩子心中的权重。那么，权重能做什么呢？权重有利于父母更加直接、高效地传递情绪信息（本书最后一章将进行详细讲解）。

　　如果教育是一道数学题，那么已知条件不够充足的话，解题便无从谈起。教育的第一步是不断探索和还原孩子的真实情绪，为"解题"提供充足的已知条件。不过，当我们真正做到了"第一步"，很多时候"答案"就已经摆在那里了。

Part3
情绪语言被还原时有些问题便不复存在

孩子不遵守承诺

在一次家长公开课结束后，有一位初中生的爸爸问了我一个问题："田老师，我对孩子的成绩没有太多的要求，但是我很注重他品质和品性的培养。最近，他有一个问题——不遵守承诺。我觉得这是品性问题，可是我不知道该如何解决？"

孩子不遵守承诺怎么办？按照 After 式的思维方式，我们就开始寻找各种解决问题的方法了，对于 Before 式的思维方式而言，更关注这个孩子是在什么时候，什么状况下，以什么样的情绪作出的承诺。

我问了这位爸爸一些细节，他说："我家孩子总是睡得很晚，我担心他第二天上学精神不好，就要求他每晚十一点以前睡觉，他也是答应了的，可是几乎没有执行过。"

"他答应你或者作出承诺的时候在做什么呢？"我继续问道。

"基本上不是写作业就是在看手机。"

"那你觉得他是很郑重地作出承诺，还是在敷衍你呢？就像很多孩子虽然答应父母的要求，而真实情绪却是'知道了，知道了，别说了'这类的不耐烦。"

这位父亲瞬时愣住了，顿了几秒钟说："我明白了，田老师，孩子应该是不耐烦了，敷衍我一下，以便他能继续做他自己想做的事情。其实他并没有承诺，只是搪塞而已。"

这个问题的核心在于：如何判定孩子是否真正作出过承诺？表象层面的"答应做某事"不代表承诺，这里面的决定性因素在于孩子的真实情绪是什么。

我们小时候也经常用类似"承诺"的方式搪塞自己的父母，只是我们现在成为了父母，往往就忘记我们是孩子时候的感受了……

◇◆ 故事 1 ◆◇

小时候的夜晚，我们还在看电视，父母要睡觉了，就会叮嘱我们说："别看太晚，早点睡啊！"这时候你是怎么回答的？一般来讲就是"知道了，知道了！一会儿就睡！"可是这个"一会儿"往往就持续到了深夜。

◇◆ 故事 2 ◆◇

小时候的你，正在和同学玩耍，并且正值情绪非常高涨的时候，这时，你爸妈催你回家，你的回答是："知道了，我再玩一会儿就回！"这个"一会儿"往往是一两个小时，甚至是两三个小时……

◇◆ **故事 3** ◇◆

中学时期的你，正在看小说，并且是很入迷的那种，父母催你睡觉："都快十一点了，还不睡觉？你这样可不行，影响第二天学习，以后你必须十一点以前睡觉！""好的，知道了，以后绝对十一点以前睡觉，您快去睡吧！快去！"

以上语境中的"知道了"是承诺吗？把以上回答翻译成情绪语言，真正的答案便浮出水面了。这些回答并不是什么承诺，而是一种不耐烦或者敷衍的情绪。

很多事情用 Before 式的思维方式还原后，你可能会神奇地发现很多问题已然不是问题了。

Super 在三四岁的时候，喜欢上了过生日的感觉。她喜欢大家围坐在一起吃蛋糕、唱生日快乐歌、嬉戏、往脸上抹蛋糕等等。所以她隔三差五地就让我们带着她去蛋糕店买个小蛋糕。有一次，她在拉着我去蛋糕店的路上跟我说："老妈，我保证这是最后一次买蛋糕了！"

我当时感受到的情绪信息是：她觉得最近买蛋糕的频率有点高，担心我可能不会买给她，所以想通过这种表达提高买蛋糕的成功率。

我用开玩笑的语气说："最后一次买蛋糕了？这是最后一次买蛋糕了？真的是最后一次了？"话音刚落，她立刻说："不是不是，不是最后一次，我以后还想买呢！"

我用一只手搓着她的小脸蛋儿："你想买就说想买，

你一说保证，我可会当真的哦！"Super 不好意思地对我笑了笑。

对于成人而言，买蛋糕、吃蛋糕是轻而易举的事情，可对于经济和行为能力都受限的孩子来讲，很多愿望的达成都需要家长的支持，他们会为了获取支持而加足筹码。

"老妈，我保证这是最后一次买蛋糕了"，这让我看到她真的很想要。当然，还有很多类似的表达："老妈，我保证小猫咪来了我不会让它乱小便的"，我看到的是孩子真的很想养一只小猫。在孩子的世界里，有一种幸福，是真实的自己被正确地解读。

我们为什么不能看到孩子的真实情绪，体会孩子的无助呢？反而拿他所谓的"保证"再一次压制他，"你看这是你说的啊"，"你看这是你承诺的"，我们为什么不能保护好孩子自尊和高贵的内在品质呢？

在我们读取到孩子的情绪不是"承诺"时，我们也应该打破他对"这是承诺"的认识，就像我回答Super："最后一次买蛋糕了？这是最后一次买蛋糕了？真的是最后一次了？"我不认为她在承诺，我要把这"不是承诺"的认识带给她，让她首先从这个事件当中跳出自己是在作出承诺的认识，并且告诉她什么是承诺，是对方会当真并且你要遵守的一种行为。那么孩子在成长过程中，两种美德会同时具备。

第一，真诚。他需要什么会真诚表达，不会遮遮掩掩。

第二，信守承诺。明白了什么是真正的承诺，当他真正作出承诺的时候也会去遵守，而不是随便说说。

孩子"偷"东西了

孩子"偷"东西了，该怎么办？

有的家长很气愤，认为"小时候偷针，长大偷金"，这些事情需要严厉地批评；有的家长认为，孩子嘛，谁小时候还没有点这样的事情呢……那么面对孩子"偷"东西的行为，我们要不要管，又如何管呢？

如果这时你思考的内容是"如何管"，那么便进入了

After 式的思维方式，即你已经陷入了不客观情绪——判定孩子是偷了。而这个问题的核心恰恰不是"要不要管""如何管"，而是我们依据什么来判定孩子是"偷"。

首先用 Before 式的思维方式来探究一下，孩子做这样的事情是在一种怎样的情绪里？

1. 想要用"偷"东西满足自己的占有欲。

2. 享受一种好玩、刺激的感觉。

大概在 Super 五岁的时候，有一天她非常自豪地对 Soldier 说："老爸，你不知道！昨天我在楼下水果店'偷'了俩葡萄（两粒葡萄）！卖水果的阿姨都没看见！"

Soldier："那是你认为人家没看到。"

Super："没有，我保证阿姨什么都没有发现！"

Soldier："如果没发现的话，为什么人家昨天会跟你妈说'你家闺女可真是淘气，先是带着几个小朋友跑来跑去，后来还在我这儿调皮了一下。'"

"啊！"Super 非常不好意思地用一只手捂着嘴巴。

Soldier 接着说道："你认为人家不知道，而人家是理解你、了解你，知道你只是认为好玩罢了，再加上你又是个孩子，所以不跟你计较。"

"老爸，快别说了！"Super 羞愧地捂着脸跑进了自己的房间。

Soldier 是想从 Super 的脑海里抠掉"偷"这个词，因为连她自己的表达都是"昨天我在楼下水果店'偷'了俩葡萄"，而现在她会重新给自己的行为定义为"淘气""调皮"，事实也是如此。这样不仅能够让她客观地看待自己，保持住自己的高贵，在对其他人的行为进行评判时，她也会有客观的表达。例如：她今后也会这么形容其他人："老爸，我们班同学今天又在学校门口的水果摊那儿淘气了"等等。

对于"偷"这件事情，谁小时候还没有过几件类似的经历呢？爬到邻居家的房檐上"偷"院子里还没有成熟的石榴；到邻居家门前"偷"比自己家长势要好的指甲花；到隔壁种的向日葵面前"偷"几粒"珍贵"的葵花籽……当然，黄瓜、西红柿、辣椒、茄子也免不了被孩子们"偷"走的命运……

为什么不管是我们的孩子，还是我们是孩子的时候都觉得"偷"很有意思、很好玩呢？难道是葵花籽、黄瓜、西红柿很好吃吗？当然不是！真正的原因是觉得它们的主人不知道，所以才觉得很好玩、很刺激。如果你做的一切，身边的叔叔阿姨、爷爷奶奶都是知道的，你还会觉得刺激吗？恐怕就只剩羞愧和不好意思了。

顶着太阳"偷"葡萄

讲述者：楚乔

我小时候，也有过类似的行为，隔壁奶奶家种的葡萄，快到夏天的时候就会越来越"紫"。那时候我发现整串葡萄不是一下子都变紫的，而是几颗几颗地变。烈日炎炎的午后，趁大人们还在午休，我们几个小朋友顶着大太阳，爬到房檐上摘几颗下来，好甜好甜呐！（实际上可能也没有那么甜，是在那种很刺激、很愉悦的情绪里所以觉得很甜）

大概持续了一个星期的时间，有一天下午，邻居家奶奶拎着几串葡萄到我家对我妈说："这几串葡萄给孩子吃，告诉她什么时候想吃就到我家来，别让孩子上房去摘，多不安全呐！前几天那葡萄都还青着呢，也不知道这帮孩子觉得有什么好吃的！就不觉得涩吗？行了，不说了，我给那几个孩子也送点。"

我当时听了邻居奶奶的话，羞愧得不得了，恨不得找个地缝钻进去！我在很长一段时间都走不出惶恐不安的情绪，我在想："万一奶奶跟我妈说，我偷了她家的葡萄怎么办？万一其他邻居也知道了我偷东西的事情该怎么办？"本来只是觉得好玩儿的事情，可是在很长的一段时间，我都是在焦虑和庆幸的交替情绪中度过的。

孩子时期的"偷"大多数是一种以大人们不知道为前提的好玩和刺激行为。我们如果只看表象就对孩子下定义，尤其是"偷"这样的行为，那么就无形地给孩子扣上了一顶"压力山大"的帽子。想想如果是我们小时候被这样定性了，那会把一个孩子打压到什么地步？

我们用孩子的视角来体会一下：一个孩子拿了邻居家两个辣椒，就被父母当街追打，一边追一边责问："我看你以后还偷不偷？"

这首先是把孩子一个玩儿的行为定义成了非常恶劣的事件，其次是把孩子的灵魂关进了精神监狱，这可能让他的内心一辈子都活在那样的阴影下。

我们在对孩子的行为进行评判的时候，最重要的一点是体会他真实的内在情绪，不是一个表象的行为放在这儿，就说明他的内在情绪也是这样的。

孩子因为贪玩，拿了别人家的东西，我们做家长的要把以下两种情绪传递到位，这样对孩子既是一种教育，又是一种保护。

第一，对方并不是不知道，只是不表达。

这种行为的乐趣和刺激在于对方不知道，而其实很少有人是不知道的，只是都是街坊邻居，所以不表达罢了。这个信息传递到位可以消除孩子这方面的好玩和刺激情绪。

第二，对方理解你的淘气行为，所以不计较。

街坊邻居不仅知道你的行为，而且非常善意地把这种行为解读成了淘气，所以没有和你计较。扣掉"偷"这个概念，把孩子的行为从出发点上定义为"淘气"，既保护了孩子的高贵气质，又保护了孩子优质的内在。

在孩子真正获取了这两种情绪之后，便不会再觉得"偷"这种行为有趣了，也不会再有这样的行为了。而对于真正有占有欲的孩子，才应该用批评或者其他方式进行教育。

孩子付诸行为的内在情绪才是事件的核心，没有验证和评判的教育往往会让孩子受委屈，而有些委屈是孩子一辈子都无法摆脱的阴影。发现和验证孩子真实的情绪信息是教育的开始，更是解决一些教育难题的开始。

Part4
解读与还原情绪语言是教育的第一步

解读与还原孩子的情绪语言，我们才能知道发生了什么。如果忽略了这一步直接进行教育，我们就像在解一道没有已知条件的数学题，或者又像是在解一道被你当作了语文的数学题——解题本身就是跑题的。

我的孩子"没救了"

郑励是一名三年级的小学生，他在学校又打架了……

为什么用到"又"字，因为打架对他而言已经成为"家常便饭"了。有人把他的东西碰到了地上，他就动手；放学的时候有人拍了他的肩膀，他就动手；体育课的时候有人撞到他，他就动手了等等。

这次是因为语文课代表发语文作业的时候，从他课桌前经过，不小心碰到了他伸在课桌外面的脚，结果他就用拳头"招呼"人家了……

这孩子爱打架的问题持续了好多年，在幼儿园的时候就有这个问题，这么多年过去了，该讲的道理都讲了……妈妈告诉他，你打了别的同学，他的爸爸妈妈也会心疼的；爸爸告诉他，打人是不对的，现在不改，以后走上社会就会由公安机关来处罚处理你！当然，有时候爸爸实在忍不了了，也会把这孩子暴揍一顿，但打架这个问题依然在持续……

这次妈妈带着孩子过来进行教育咨询，是妈妈已经感觉束手无策，并且为了他的事情把自己耗得筋疲力尽了。

听了这位妈妈的描述，显然他们采用了 After 式的思维方式来解决问题，孩子打架了我就给他讲道理，或者揍他一顿。这并不能解决问题，因为我们并不知道他为什么打架，以及是什么情绪触发了他打架的行为。

我们用 Before 式的思维方式分析一下孩子为什么总是动手？

1. 孩子具有暴力倾向。

2. 孩子缺乏价值感，想通过拳头证明自己很强。

3. 孩子缺少安全感，他感觉自己被侵犯了。

当我讲到第三条感受时，孩子的母亲非常认同："我们发现他总是为了很多没必要的小事儿动手，虽然我们经常跟孩子说，同学碰了你的脚是不小心的，有人拍你肩膀是为了跟你打招呼，

但是他完全不这么认为。"

他不这么认为的原因是：每个人都是相信自己的感觉的。"一朝被蛇咬，十年怕井绳"不就是因为自己感觉绳子就是蛇嘛，所以每个人的感觉对自己而言都是真实的。就像打针有多疼？你感觉它有多疼，就有多疼！而如果一个人感觉打针很疼，你却告诉他一点都不疼，他能信服吗？所以感受层面的问题，只能通过传递感受来解决（具体解决方式见第八章"通过拍肩膀传递感受信息"）。

这个爱打架的孩子处在一种时刻感觉自己被侵犯了的情绪里，不管是有人碰了他的东西，还是拍了他的肩膀，还是蹭到了他的脚，他都认为对方在伤害他，所以才会动手，这是问题的症结所在。当天，对孩子进行了两个小时的教育指导，妈妈便带着孩子回家了。

可没想到的是，第二天放学后，这孩子又被送过来了，他在学校又打架了。孩子的妈妈领着孩子一进门就开始掉眼泪，我能感觉到这位妈妈已经很绝望了……

"我以后的日子是不是要一直处理这些问题了，每天孩子打架，我在后边帮他道歉，收拾烂摊子。我感觉他真的是没救了，这是要把我折磨死啊！"说着，这位妈妈的眼泪更止不住了。

我先帮她平复了情绪，然后让她还原当天打架事件的细节，郑励妈妈说："中午午休的时候，我儿子躺在他自己的床上（上下铺的下铺），后来就用脚后跟蹬了几下上铺的床板，上铺的孩子不高兴了，就说'你别蹬了，我要睡觉！'结果我儿子还是间歇性地蹬，最后人家生气了，说你再蹬我就下来揍你！我儿子说

'你下来啊！'结果两个人就打了起来。"

我听到这里，忍不住笑了，郑励妈妈一脸疑惑地望着我，我赶快解释道："你感受一下郑励的情绪，他在和自己的上铺闹着玩儿呢，只是最后没玩儿好罢了。"孩子的母亲听了我的表达，也感受到了这一点，之后深深地舒了口气："吓坏我了，我以为他'旧疾复发'了呢！"说完，我们俩一起笑了。

虽然从表象来看，这依然是一件和打架有关的事件，但与郑励之前打架的出发点完全不同。之前他打架是感觉自己被侵犯了，而这次打架是因为和同学开玩笑的度没有把握好。现在的这个事件从另一个角度来讲也是一件好事，说明郑励现在有安全感了，所以才敢"招惹"其他同学。如果说真要有什么问题的话，那就是安全感有点小小的膨胀，我们可以再对他进行一些平衡情绪的教育指导。

自从那天，孩子的母亲把孩子带走后，到目前为止，再也没有听到这个孩子打架的消息。

我们经常讲"对症下药"，那么教育想要"对症"，首先需要判断孩子为什么要这么做，他身处在一种怎样的情绪里？同样是打架，有的人是讲义气，有的人是要面子，有的人是感觉自己被侵犯了，有的人是被其他情绪影响了……有太多的可能性需要我们去探究，有太多的情绪需要我们去代入和感受，所以一个单单的"孩子爱打架"，恕我直言，就这么一个条件，无法确定该怎么办？就像一位大夫在没有做任何诊断之前，他也不清楚应该如何治疗一个"发热"的患者，因为导致"发热"症状的成因实在是太多了。

又或者我们可以把教育当作一道数学题，想要精准地把题目解出来，需要很多已知条件，那么寻找已知条件的过程便是教育的开始，更是教育的基础。

爱拍照的女孩儿不爱相机

Super 两岁多的时候特别喜欢给人拍照，她经常拿一个长方形的盒子对着大家说："笑一笑，说茄子！"

她每天都会乐此不疲地找身边各种各样的人为其拍照，还会煞有介事地拿出她的小盒子给对方看，问对方拍得怎么样……就这样，一个月，两个月，三个月过去了，Super 的姥姥姥爷认为我们应该给孩子买一个小型的相机，他们觉得孩子这么喜欢拍照，想必在这方面是有天赋的。而我们一直都没有采纳姥姥姥爷的建议，直到我想验证一下给他们看。

我给 Super 买了一个拍立得小相机，可以立即拍摄，立即出片。Super 看到之后，新鲜了两天，也拍了两天，然后就把它丢在了一边，又拿起了她的小方盒子，开始对着我们说："笑一笑，说茄子！"

Super 不是喜欢拍照，而是喜欢假装拍照的感觉。拍照是假的，通过拍照和对方互动是真的。如果手里拿一部真相机，她就会受到真相机的影响，该怎么拿呀，怎么按呀，这些都会影响她和大家互动的美好感受，所以她并不是喜欢拍照，而是喜欢假装拍照——扮演摄影师。

如果这些不是很好理解，我们就拿小时候做的游戏"过家家"来举例。在"过家家"游戏里会有很多角色扮演，让我印象很深刻的就是——售票员。

◇◆ 故事 1 ◇◆

小时候，小朋友们会费很大的力气，把旧书、旧报纸等裁成一张张车票大小的条状，用订书机订在一起，然后把它们粘在一个板子上，再拿一根铅笔出来（往往铅笔都是用得只剩一小段的铅笔头），用橡皮筋层层缠上去。这时候道具就准备好了，"乘客们"煞有介事地上车，"售票员"用自己绑有橡皮筋的铅笔一张张把票划下来分发给乘客，往往是一边招呼着眼前这位，一边问下一位："你到哪儿下车啊？"

有时候小朋友们还会为一直轮不到自己做售票员而发生矛盾……因为大家都很喜欢去扮演售票员。

我想大家现在能体会到这里面的区别了，Super 是喜欢扮演摄影师去拍照，而不是真的喜欢研究如何把照片拍好。这里面的区别在于情绪上的微小不同，所以孩子的真实情绪是需要我们去体会，去感受的。

◆◆ **故事 2** ◆◆

小康的母亲认为小康沉迷游戏，因为他总是在各种视频网站上观看游戏攻略，但其实小康并不喜欢玩游戏，他喜欢的是告诉其他人怎么玩游戏，所以才会关注很多游戏的玩法。

◆◆ **故事 3** ◆◆

小超总是喜欢往家里买各种各样的零食，小超的母亲还和小超的父亲讨论过这个问题："你说咱们两个怎么会养了个吃货呢？"其实小超只是喜欢买，自己并不怎么吃的，他享受的是把好吃的分享给小伙伴的过程，看着大家吃得开心，他自己也很开心。

生活中类似于小超这种属性的人很多，例如有的人喜欢烹饪美食，自己却不怎么吃，他们喜欢的是大家品尝自己烹饪成果的快乐。

很多事情从表象来看是很相似的，但是这些相似的表象很容易引起我们的误判，进而对孩子成长产生负面影响。

◆◆ **故事 4** ◆◆

尚融岐（五年级）：我在家看了几场篮球赛，我妈就给我报了个篮球班，羽毛球和乒乓球比赛我也挺喜欢看的，但是我现在不敢当着我妈的面看比赛了，要不然她又得把羽毛球、乒乓球都给我买回来了。

生活需要用心去感受，"大线条"会让我们"答错题"的。

孩子的"告状"行为

2017 年 9 月，我选择了在北京的一所小学，并分别以低、中、高三个年龄段展开能力训练课程。这期间就避免不了经常处理各种"告状"问题。

在一次上课之前，A 过来跟我说："田老师，刚才排队上楼的时候，何睿一直在队伍里说话！"

B 也跟着表达道："田老师，田老师，我也看到了，我也看到了！他不但说话，还站到队列之外呢！"

C："田老师，我也看到了，他就是那样的！"

既然这么多人都看到何睿在队列里没有遵守"秩序"，他的行为已经激起了"民愤"，那么这个就应该被批评！

No，No，No！这还是 After 式的思维方式，是很容易被表象蒙蔽的，我们需要按照 Before 式的思维方式分析这个案例，为什么三个学生都要告另外一个学生的"状"呢？

1. 都讨厌这个学生，希望我批评他。

2. 都不接受这种行为，希望我批评他。

3. 以此达到和那个学生互动的目的。

4. 通过告状体现自己，引起大家的注意。

5. 想要跟我互动，这只是一个互动话题而已。

学生 A 在我课堂上一直都是一个很积极的孩子。她会采用积极回答问题的方式跟我互动，也会采用下课问问题的方式跟我互动。当然，这次选择了"告状"的方式。

对于"告状"是互动还有更进一步的验证方式，那就是何睿其实一直都是个比较调皮的孩子，在队列里说话，那是很经常的事情，可是在整班队伍进入教室后，如果学生 A 遇到的是其他老师，她反而就没有"告状"的情绪了。

所以这个孩子只是想通过"告别人的状"跟我产生一次美好的互动罢了，学生 B 和学生 C 只是受到了学生 A 情绪的影响，一起参与了互动而已。

如果没有还原"告状"的真实情绪就批评了何睿，那么不但这个被批评的学生会由于自己成了"众矢之的"而感觉到委屈，因为这个批评的"度"会由于三个人同时"告状"而"超标"，并且会滋长这种"告状"的风气——这些孩子在"告状"这个事情上获得了积极的反馈，那么他们以后就会时常打"小报告"了。

当时我是这样处理这起"告状事件"的。（何睿长得比较高，排队站得比较靠后）

"你们都看到他说话，看到他站在队列之外了？那当时你们在队伍里干吗呢？"言外之意是你们能看到他，至少是在回头，或者东张西望。他们感受到我的情绪和态度，所以三个学生都不说话了。"我喜欢善于发现问题和表达自我想法的学生，但要客观反映问题，而不是打'小报告'。换个角度来讲，如果你们在咱们班里总是被别人打'小报告'，你们是什么样

的心情？交流，我喜欢，我希望是什么内容呢？你们的学习心得、交朋友的心得、在家和父母相处的心得，这些心得只要是真实的体会，我都喜欢听。"

　　"告状"的三个学生都用很期待的眼神看着我，期待课后能跟我有深入的交流，而那个"被告状"的学生则是满心释然地看着我，他感觉自己被理解了。

　　首先，我给了这三个学生跟我互动的机会；其次，也保护了那个被告状的学生。他本来一脸紧张地看着我，听到我的评判后也向我投来了感激的目光，有点被人理解的幸福感，也有点没有被"冤枉"的释然感，总之，他也被小小地触动了。

很显然，这不是告状事件，而是互动行为，是学生想与老师进行良好的互动，只是借助某些事件罢了。

其实关于告状我们自己也是很有感受的，很多时候表象是告状，而核心很可能是想和"被告状者"产生互动。如果你觉得难理解，看完下面的描述，你就会有同感了：

> 小时候的课桌往往是双人位的，同桌两个人的"领土"是由"三八线"分割的。"你又过线了""你的胳膊过线了""你的橡皮过线了""你再过线，你再过线我就告老师了！"

这时候的"告老师"就是很明显地和对方互动的一种方式。

"告状"不一定是"告状"，可能是学生们和老师的一种互动方式；也可能是某个学生和另外一个学生的互动方式；当然也可能是某个学生在体现自己；也可能是真的在"告状"……面对教育问题，对孩子行为的客观评判是极其重要的，这决定了我们对孩子以及对事情的态度。有多少孩子因为一次误解就开始厌学，有多少孩子因为一次委屈就性情大变。教育无小事，评判从客观开始。

之后还发生过一件和"告状"有关的小插曲，只不过那次是我"被告状"了。

> 2017年"十一"过后，孩子们放假回来，国庆后的第一次课，我让每个孩子表达一下国庆出游的所见所闻，以及出游给自己带来的美好感受。

每一个孩子在轮流表达的过程中都表现得非常好，只有一个叫昊天的孩子，由于之前同学的表达给了他很大的心理压力，所以到他表达的时候，他不知道该说些什么，也不知道该如何表达，结果就僵在那里了，后面的同学有点着急了，就碰了他一下说："你快点！"

这个行为触到了他的底线，他一下子绷不住跑出去了，躲在教室门口一个大家看不到他的地方。

这时一位其他班的老师见到他站在门口，就问他："昊天，你为什么不上课？"昊天想了想，说："我不喜欢上田老师的课，她总是提问我很难的问题。"

就这样，等我下课之后，那位老师叫住我说："田老师，我跟你反映个情况……"

我听了之后笑着说："我清楚了。昊天站在门口被你看到了，由于很不好意思，就找了这么一个他没在里面上课的理由，你不必把这个事情记在心上。"

本来想随后解决这个问题的，谁知还没有来得及解决，我便因为一些其他因素到海淀区一所中学带高二和高三的学生了，昊天的事情便就此搁浅。

直到差不多过去两个月的时候，这个孩子的父亲突然找到我："田老师，昊天委托我一定要找到您，他还想继续跟您学习呢。"为了找到我，昊天的父亲一直在四处打听我的联系方式，最终这个孩子又回到了我的身边，事情的结果验证了我当初的判断。

孩子的真实情绪需要被解读，这是客观了解孩子的基础，也是解决教育问题的基础。

一个执意要退学的女孩

2020年11月，一个名叫项晴的女孩（初一）执意要退学，项晴对她的父母说："我已经对学习厌恶到了极点，我根本学不下去，再在学校待下去我就要崩溃了……"

家里在项晴的这种情绪下炸了锅，爷爷觉得孩子不愿意学了，怎么强迫都没有用；奶奶每天以泪洗面，这么好的孩子怎么突然就这样了；爸爸绝对不允许项晴退学，无论如何都要坚持下来！项晴的妈妈看着孩子每天魂不守舍的样子，心里极其纠结。

项晴的妈妈就是在这种情况下找到我的，她急切地想知道接下来该怎么办。而怎么办其实是第二步，我们首先用 Before 式的思维方式分析项晴为什么不想上学？

1. 厌恶学习，所以不想上学。

2. 在某种负面情绪里，但自己认为是学习导致的。

3. 还有其他的未知事件导致她不想上学。

由于信息太少，无法判断和还原项晴是在怎样的情绪下作出这样的决定，所以我让项晴妈妈提供一张项晴的近照和她近期做的学习笔记：

照片上的项晴梳着一个利落的马尾辫，面前有着两缕蓬松的刘海，衣服干净、整洁，皮肤白皙，传递给人一种很干练、很勤奋的感觉。再看项晴的笔记，字迹工整，并且用三种颜色来书写。黑色：记录老师课堂授课内容；红色：标记内容中的重点、要点；蓝色：记录一些自己的心得体会。

看了孩子的照片和近期的笔记，我对项晴的妈妈讲："这个孩子不但非常热爱学习，而且成绩应该非常好才对！"

项晴妈妈频频点头："田老师，项晴从一年级到六年级学习成绩都非常优异，正因为如此，在她小升初的时候，我和她爸爸才想办法把她转到了市里的重点中学，当然重点就会有重点的压力，班里成绩优异的学生很多，那么她在这个环境里就算不上是优秀了。"

我接着表达道："她现在正在面临双重压力，第一，陌生环境带来的压力。很多转学的孩子都会遇到这样的问题，本身陌生的环境就需要适应，这时候还要兼顾学习，如果环境不能适应得太好，那么最直接的体现就是学习成绩的下滑。第二，排名的压力。项晴以前名列前茅的优越感，现在被更优秀的人打压得荡然无存，让她很难发挥至正常状态。通过项晴的照片、笔记，以及她的现状，我能感受到项晴内在最真实的情绪，那就是——她很想学习好，非常非常想学习好，但是在这样一个高压氛围下，她怎么努力都无济于事，她现在是既纠结又痛苦！正是在这种痛苦和纠结的情绪里，她产生了想要逃离的想法。"

项晴妈妈一下子感受到孩子的情绪，便立刻泣不成声了："真的是这样，真的是这种感觉！孩子不是不想学习好，而是太想学习好可是却做不到！"

解决问题的方法是从情绪层面帮她解压，项晴妈妈需要按照我给出的思路回去跟项晴聊一聊，大致内容如下：

"妈妈知道你一直都是个很要强的孩子，想要把事情做好，想要成为我和你爸爸的骄傲！但是项晴，你知道我和你爸爸对你的期望是什么吗？是希望你有更多的体验和感悟，体验和同学、老师相处的快乐，体验校园生活的美好，甚至是体验我们一起出游时的惊喜和窘态，这些都是我们人生中很宝贵的财富，而学习成绩只是众多体验中的一种罢了。我和你爸爸只是想给你更好的体验环境，而不是一个高分，换句话来说，我们想要的是一个活泼、积极、情绪丰富的孩子，而不是一个成绩上的尖子。"

项晴妈妈晚上回去和项晴聊了很多，项晴开始时是掉眼泪，后来听着听着就睡着了。第二天一早起来，她的食欲很好（说明心情不错），然后非常轻松地上学去了。

我想大家这时可能会有一种疑问，那就是项晴为什么自己不表达出"我非常想学习好，但是压力压得我透不过气，我没办法学习好"呢？

接下来，我们一起聊一聊"孩子很难解读自己的情绪语言"，其实每个人都是如此。

本章总结

　　任何一个行为表象背后都会有不同的成因，这个成因就是孩子真实的内在情绪。我们不应该急于用 After 式的思维方式去寻求"怎么办"，而是应该用 Before 式的思维方式去寻求"为什么"。用 Before 式的思维方式去判断和还原受教者的真实情绪，这是教育的第一步。

第三章

孩子很难解读自己的
情绪语言

恒鑫起床后，先是抱怨自己的衣服不合身，需要买新的衣服了；之后抱怨奶奶早餐做得太油腻，自己根本吃不下；出门前又抱怨妈妈把自己的运动鞋洗了，却没跟自己打招呼……

　　恒鑫爸爸对恒鑫妈妈说：别理他，又闹起床气呢！

　　很多时候，我们认为是事情让我们产生了某种情绪，其实是因为自身在某种情绪里，所以对事物的评判受到了情绪的影响，这种现象叫作"味道效应"。

　　"味道效应"是指一个人在品尝食物时，食物的味道是直接受情绪影响的，引申为一个人在对事物进行评判时也是受情绪影响的。

Part 1
情绪影响了我们对事物的评判

有一种美食叫作"妈妈的味道"，不是食物本身有多好吃，而是妈妈对食物的烹饪过程充满了对子女的爱，在这种美好情绪的影响下，我们感受到食物也是非常好吃的。相反，如果在委屈或者愤怒等负情绪下，即便是把各种美食摆在我们面前，也会觉得索然无味。

情绪影响了我们对事物的判断，而我们往往会忽略情绪的影响，认为我们对事物的评判是客观的。

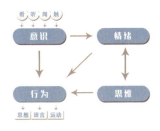

注：信息处理系统示意图（右）

61

无辜的快递

　　一位妈妈正在辅导自己的孩子写作业，可是孩子总也写不对。一个小时过去了，这孩子才写对两道题，孩子的妈妈强忍着心中的怒火……这时候孩子的爸爸回来了，发现家里有一个没有拆封的快递，爸爸拿出工具刀在快递的塑封袋上轻轻划了一下，这时妈妈发飙了："你没别的事儿做了吗？非要这时候拆快递？这个快递晚会儿拆就不行吗？！"

　　从表象来看，是孩子的爸爸"拆快递"的举动让孩子的妈妈恼火了，而客观情况是这位妈妈已经很恼火了，只是借着爸爸拆快递的事情爆发了而已——爸爸拆快递的行为其实是个导火索。

　　在日常生活中，这样的事情还有很多……

世界上最乱的家

　　杨东的妈妈白天在单位承受了很大的工作压力，晚上回到家看到杨东和爸爸在地上玩玩具，杨东妈妈立刻就爆发了："你们见过这么乱的家吗？世界上有这么乱的家吗？为什么要把玩具摆一地？难道在桌子上就不能玩儿？这个家让我受不了了！"说完，杨东妈妈就气冲冲地走向自己的房间，把门"砰"的一声关上了。杨东问爸爸："妈妈是怎么了？我们不是每天都这么玩儿的吗？"

　　这一幕是不是很熟悉？情绪直接决定了一个人看待问题的角度和方式。

　　情绪美好和糟糕的时候，你看待以下事物的反应是一致的吗？

　　1. 孩子把玩具摆在了客厅餐桌上。

　　2. 晚上回到家发现老公没有做饭。

　　3. 发现老公和孩子大半夜还在看电影。

　　……

　　这种不同是要带着感受去体会的，如果体会不到，我们可以从第三方视角来验证一下。

讲述者：小达（高一）

我妈下班后，如果情绪还不错，是"看不到"我在看电视的；而如果下班后的情绪非常不美好，就会立刻向我发问："你怎么还在看电视呢？作业写了吗？为什么一点自律性都没有？"

我妈心情好的时候，看到我的房间脏乱，就会一边哼着小曲儿一边帮我打扫房间，最后还会把我的脏衣服统统拿出去洗掉；而我妈心情不好的时候，就会要求我立刻洗衣服并且打扫房间。

所以，我经常在我妈快下班的时候给她打个电话，试探一下她的情绪如何，来决定我是否要继续看电视，是否要打扫一下房间。

优缺评判

一个人对同一表象行为的评判与其内在对行为输出者的好感度与认同度有着密切关联，这种现象叫作"优缺评判"。

例如：你身边有一个喜欢打扫的人，你对他的评判是"爱劳动"还是"争表现"？你身边有一个不喜欢打扫的人，你对他的评价是"不拘小节"还是"不讲卫生"？你身边有一个不爱说话的人，你对他的评价是"有内涵"还是"闷葫芦"？你身边有一个爱表达的人，你对他的评价是"性格开朗"还是"喜欢张扬"？

　　一个人具备以上的行为输出，你会如何评判？这往往取决于你的内在是不是认同对方，欣赏对方。如果是，评价就是前者；如果不是，评价就是后者。同一表象，受不同内在情绪的影响，会使人作出不同的评判。

　　情绪无时无刻地影响着我们的判断，想要客观，就需要对情绪进行验证，这是一道比较复杂的"验证题"。

Part2
用高维思维跳出情绪牵制

是事物让自己产生了某种情绪，还是情绪影响了自己对事物的判断？只有用更高维度的视角来验证，才能找到更趋于客观的答案。

星星爸爸的烦恼

早上，星星爸爸开着自己新买的爱车上班，在三环路上把前车追尾了，自己的新车受损严重不说，自己还是全责！

他晚上回到家，看到晚餐还没有做好，就开始对着自己的爱人抱怨："回到家连个现成的饭都吃不上，我每天赚钱有多不容易，工作有多辛苦你体会过吗？到家里还没人体谅我，吃个饭都需要等，你做饭的时候有没有考虑过我的心情？"

接下来，星星爸爸看到星星（三岁）在客厅里玩玩具，玩具分散地摆放在地上。"你这是第几次了？为什么玩具总要摆得满客厅都是？这是公共区域你知道吗？要玩儿回你自己房间玩儿去！"这话一出，星星立刻哭了起来。

星星妈妈一看孩子哭了，饭也不做了，立刻和星星爸爸争执起来："你撞了车，心里不顺，就把气撒在我们娘俩身上？"

星星爸爸："我撞车都是早上的事情了，你饭没做好不说，还学会转移话题了？！"

星星妈妈和星星爸爸争执无果，就抱着孩子回房间了。

第二天一早，星星妈妈拉着星星爸爸出现在我工作室门口，两个人依然是气愤难消，当时我反而觉得这两口子很有意思，这是到我这儿"评理"来了。

星星爸爸认为是"饭没有做好"和"孩子把玩具摆在客厅"这两件事情让自己的心情很糟糕，而早上开车追尾的事情已经是"过去时"了，他不知道星星妈妈为什么还要拿这件事情出来无理取闹。

我工作室的助理老师先让星星妈妈在休息区域休息，我先和星星爸爸单独聊一聊。

我先把情绪影响一个人判断的理论讲给他听，但这都不是重点，重点是通过我平静而稳定的诠释来帮他抚平情绪，待他情绪基本稳定了，再让他代入感受去体会：

　　每次遇到"晚餐没有做好""孩子把玩具摆在客厅"，你都会发脾气吗？

　　"你平时晚上回到家有没有晚餐没有做好的时候？"

　　"有的。"

　　"你每次遇到晚餐没有做好的情况，都会这样委屈、发脾气吗？"

　　"好像也不是。"

　　"那孩子在客厅玩玩具，摆放玩具的时候，你每次都会这样吗？"

　　星星爸爸思考了片刻回答："不是的。"

　　通过正向验证，我们可以发现，星星爸爸在情绪稳定的时候基本上不会为以上两件事情而发火。

假如"晚餐已经准备好""孩子并没有在客厅摆玩具"，你还会不会发脾气？

"假如昨晚你回来的时候，你爱人已经把晚餐准备好了，你一进门就可以洗手吃饭了，在昨晚的情绪下，你会如何？"

他细心体会了一下，突然说了一句："你的手艺真是越来越差了，怎么连个可口的饭菜也做不出来呢？！"

"如果按照你的标准再重新给你做一道菜呢？"

"不想吃了，太折腾，想睡觉了！"

"那如果你回到家并没有看到孩子在玩玩具，而是孩子已经睡了，你会如何呢？"

这时星星爸爸连想都没想立刻回答说："这么早就让孩子睡了，要是半夜醒了折腾人怎么办？"

说完，他拍了一下脑门儿，尴尬地笑了："看来昨晚我是怎么着都不行啊！"

"那昨天让你进入负面情绪的事情都有哪些？"

这时，他非常笃定地说："就一件——撞车！"

由于情绪在思维之前，所以一个人受到情绪的影响往往是不自知的，如果我们成人都是如此，那么孩子就更难发现自己是处在情绪的影响下了。

◇◆ **故事 1** ◇◆

有一次，我找一个学生谈话，我说："你不用紧张，我们就随便聊聊。"

他说："老师，我没有紧张。"

他认为自己没有紧张，可是却在频繁地推着脸上的眼镜，而眼镜也没有任何滑落的迹象。

◇◆ **故事 2** ◇◆

有一次，我看 Super 在玩一个很简单的飞车游戏，只用一根手指就可以操作，我对 Super 说："这个游戏看起来也不难啊，你别那么紧张好不好。"

"妈妈，我没有紧张啊，这个游戏很简单的。"

Super 认为自己没有紧张，但是她的额头还有脖子上已经都是汗了，而当时房间里的温度是不足以让她出汗的。

情绪左右着我们的思维和行为方式，很多时候需要验证情绪的存在，才能客观地看待事物。

对于成人来讲，具备"自我情绪验证"的视角和方法都是比较困难的，那么对于孩子而言，他们的思维和认知都正处于建设阶段，就更不具备解读与验证自我情绪的复杂"运算能力"了。

Part3
孩子暂不具备解读情绪语言的复杂"运算能力"

失落的小孩儿

Super 快四岁的时候，我和 Soldier 带她去王府井新开的玩具城。那是她第一次到玩具城，看到玩具城的一层有旋转木马，她兴奋极了！在我的印象里，旋转木马一般都出现在游乐场，那天我们看到了出现在玩具城里的旋转木马，连我也是有些小惊喜的！

Super 一口气坐了三次旋转木马，兴奋得不得了，后来她又在一层买了公主穿的裙子、化妆用的小镜子，还有装扮自己的"小马宝莉"头饰，她立刻把"小马宝莉"戴在头上，顺着头饰垂下来两根彩色的"辫子"，那时的她宛若童话里的公主一般！

各式各样的玩具，还有孩子们喜欢的有卡通形象的服饰，这里简直就是孩子们的天堂。Super 逛到最后，停下来和几个小伙伴一起玩起了公共区域的玩具，直到大厦十点停止营业的时候才离开。

在回家的路上，Super 睡着了，Soldier 说："Super 今晚回到家会闹情绪。"我说："我觉得也会。"

果不其然，回到家里一醒来，她就开始哭闹："妈妈，我很饿，我晚上都没有吃饱。"

我说："好的，我去帮你热些吃的。"

刚吃了两口，她又开始掉眼泪："妈妈，我其实不喜欢上幼儿园的，总是有小朋友欺负我。"

我说："好的，等下周一我陪你去，你告诉我是哪个小朋友欺负你。"

听我这么表达完了，她情绪平复了一点，然后又开始掉眼泪："为什么姥爷总是很晚才睡觉，他知不知道这样对身体不好……"

她这样反复了几次，最后实在没力气的时候才睡着。

我们用高维思维对 Super 进行情绪验证。

正向验证

平时晚上饿的时候会不会哭闹？（不会）

平时在幼儿园有没有小朋友欺负她，即便是有，她的表达是不是这个情绪？（不是）

平时她会关注姥爷晚睡吗？（不会）

反向验证

感受一下，如果她当晚没有因为以上三件事情闹情绪，还会不会因为其他的事情不开心？答案是肯定的！因为她在一种非常强大的情绪里，这种情绪叫作失落。

她今天本来是"公主"的：穿上了公主的衣服，坐上了旋转木马，跟小伙伴们无拘无束地玩耍……

她经历了童话世界一般的美好，这时候突然回到现实中，所以就失落了，在这种失落情绪下，她会认为各种事情都不对了。你小时候有没有类似这样的经历呢？因为失落，所以觉得很多事情都不合适。

孩子的认知和思维正处于建设阶段，所以很难在没有经过系统训练前，便能用高维思维审视自己的情绪。我想现在大家就能够理解，上一章中那个"执意要退学的女孩"项晴，她为什么不了解自己想要退学的真实原因了吧，因为这里需要进行复杂的情绪验证。

我一个朋友曾经跟我讲，她小时候，当地有一种风俗，正月十六早上会在门口点燃一些木柴，大人们会围着这些木柴烤烤火，俗称"烤百病"，也就是烤走百病的意思。当然，这项活动的进行也就意味着年已经过完了。

她说："小时候，有一年的正月十六，我早上从家里出来，就看到门口有一堆火，我的父母还有几个街坊邻居都在烤火，我当时就哭出声来，我妈问我怎么了，我说：'你们在这里点火，一不小心就会烫到我的！'然后就哭得特别特别委屈。其实现在来看，就是年过完了，我在这种失落情绪里，看什么事物就都不对了。那时候父母和街坊邻居应该是读懂了我的情绪，所以都很友善地笑着安慰我。"

孩子的行为输出（包括语言）和真实的情绪信息，从表象上看往往没有任何联系，并且孩子无法进行解读情绪信息的"复杂运算"，那么家长对孩子情绪信息的解读，往往就决定了孩子的"命运"和故事的"结局"。

*Part*4
父母的解读决定着"故事"的结局

女儿撒谎了

四岁的欢欢看着鱼缸里的观赏鱼,喜欢得不得了,她放了几粒鱼食进去。哇!鱼儿都摇着尾巴游过来了,她看着可兴奋了,就开始大把大把地把鱼食往鱼缸里洒。瞬间,鱼、鱼食混成了一片……

这时,爸爸回来了,一进门就发现了鱼缸里的一片混沌!他一边大步流星地走过来,一边大声责问:"这是谁干的?"

欢欢看爸爸气冲冲地走过来,迅速把鱼食藏在身后。

爸爸:"是不是你干的?"

欢欢:"不是,不是我干的。"欢欢眼睛里含着泪水,从抖动的嘴唇中间挤出了这几个字。

爸爸:"背后藏的是什么?"

欢欢冲着爸爸一边摇头一边下意识地后退。"我看看你

背后到底藏的是什么？"说着，爸爸就把欢欢的手从背后拉到了胸前，"你还说不是你？学会撒谎了是吧！"欢欢慌乱极了，看着手里的鱼食手足无措地哭了……

我们用 Before 式的思维方式来看欢欢为什么说"不是我干的"。

1. 她想撒谎。

2. 由于受到惊吓，产生了一种下意识的自保行为。

体会一下，不难发现是第二种。在解读到这个信息之后，故事的结局或许就会换个版本了：

◎故事改版◎

"不是，不是我干的。"欢欢眼睛里含着泪水，从抖动的嘴唇中间挤出了这几个字。

爸爸意识到自己的举动吓到欢欢了，"对不起，欢欢，爸爸吓到你。我刚才进门一看到鱼缸里的水颜色都变了，所以一时情绪激动了！没事了，爸爸不怪你，咱们一起来清理鱼缸吧！"

能否解读孩子的真实情绪，直接决定了孩子是撒谎，还是受到惊吓后的一种自我保护行为。那么，当面对孩子是后一种情绪时，我们的行为输出也会下意识地改变。

关于"孩子撒谎"，经常到我工作室来学习的一位妈妈分享过一个让人很有感触的故事。

讲述者：娇娇妈妈（女儿娇娇，六年级）

我走进女儿房间，看到她在用微信和班上的一个男生聊天，我顺势问了一句："跟谁聊天呢？"

她吓得打了个冷颤，然后立刻把手机屏幕向下扣了起来，有些无措地对我说："我姥姥，我在跟我姥姥聊天呢。"

"你姥姥？我怎么不知道你和姥姥之间突然这么有共同语言了？"我疑惑地问道。

"妈，就是跟我姥姥，你别瞎想了。"说着，娇娇就把手机放进自己的衣服口袋。

我当时接受不了，自己的女儿居然当着我的面撒谎！这太让人气愤了！我从她房间里出来，立刻拿出手机准备向我母亲验证一下，然后脑海里突然跳出一个我上中学时候的场景：

那年，我上初二，班里有个男生转到其他学校去了，他到了新学校之后就给我写了一封信。在我上初中的那个年龄段，能够收到信件是一件非常难得的事情。我当时特别激动，把信从学校带回家，非常正式地坐在书桌前把书包打开，把信拿出来，小心翼翼地把信封撕开，轻轻地把信拿出来展开，非常认真又仔细地阅读着信纸上的每一个字……

这时，我妈突然推开我的房门走了进来："你在干什么呢？"她这么突然一问，让我紧张地把信纸草草地塞进了信封里，拿两只手把信封上的字迹一盖，然后说了一句："妈，你怎么不敲门啊，我正看书呢！"天哪！我都被自己蠢哭了，我居然说"正看书呢"！我真的不知道如何解释自己的语无伦次了。我妈冲着我来了一句："看书呢？你这撒谎都不带打草稿的！"

不知道为什么，在我正要向我母亲验证"娇娇说的是真是假"的时候，脑子里突然像放电影一样，播放了以上那些内容。那时我为什么要"撒谎"呢？不就是紧张情绪下一种语无伦次的表达嘛！想到这里，我瞬间理解了娇娇的情绪。

之后我敲开她的房门，把我刚才想到的那些过往以及领悟到的情绪都分享给了她。没想到她听完之后立刻过来搂住我的腰，撒娇地跟我说："妈妈，你太好了，我刚才还在纠结要不要过去跟你解释一下呢，我和我们班男生真的只是正常交流，你可以看看我们的聊天记录。刚才是你突然问我，把我吓得不知道说什么了，我也不知道怎么说了一句跟我姥姥聊天呢，后来想着这也太容易穿帮了吧！要不是你进来跟我说这些，我恐怕今晚都没办法好好睡觉了……"

我是真的没有想到我们母女之间即将上演的一场"大战"被我的一段小小回忆给化解了。

孩子"撒谎"了怎么办？如果陷入 After 式的思维方式里去寻求问题的解决方式，往往是无解的，因为我们并没有找到问题的成因。但如果我们用 Before 式的思维方式去思考孩子为什么要撒谎，答案往往就浮现在眼前了。这个"溯源"的过程不仅是解读孩子的过程，更是了解孩子的过程。

自己劝自己

嘉怡从幼儿园回来，径直扑进妈妈的怀里："妈妈，你知道吗？其实我姥姥对我挺好的，她经常给我买我喜欢吃的果冻，前几天还给我买了好几个皮影。"

妈妈："姥姥对你这么好，你长大了是不是应该好好孝敬姥姥啊？"

嘉怡："是的，妈妈，我会的。"

我们依旧用 Before 式的思维方式来看嘉怡为什么说："其实我姥姥对我挺好的……"

1. 她在陈述一个客观事实。

2. 自己劝自己，让自己接受一个姥姥"不好"的现实。

我们小的时候也有很多类似的体会，例如：已经确定了很喜欢的玩具父母不可能买给自己的时候，就会告诉自己"其实那个玩具也没那么好玩"；自己喜欢看的电视剧父母不让看时，就告诉自己"其实电视剧没那么好看，看电视挺浪费时间的"；自己最好的朋友和别人也成为了好朋友，就告诉自己"其实某某某也没那么好"……这些都是说给自己听的，为了让自己接受某个没那么舒服的现实。我们在解读到这个信息之后，故事的结局或许就会换个版本了！

◎故事改版◎

"妈妈，你知道吗？其实我姥姥对我挺好的，她经常给我买我喜欢吃的果冻，前几天还给我买了好几个皮影。"

妈妈："在你回来之前，你和姥姥之间发生了什么？"

嘉怡："我想在幼儿园门口玩一会儿，可姥姥就是不让，她偏要马上带我回家！"

妈妈："那你有没有想过姥姥为什么不让呢？"

嘉怡："我没有想过，我就是特别想在幼儿园门口玩。"

妈妈："嘉怡，你看，现在是冬天，姥姥去接你的时候天已经有点黑了，你在幼儿园门口玩儿，姥姥眼神也不好，看不到你怎么办？另外，你姥姥为什么要马上回家？是要回来做饭，还是有什么其他的事情，你了解过没有？"

嘉怡："没有，我不太知道她着急回来做什么。"

妈妈："有没有可能是要做你爱吃的晚餐？"

嘉怡："嗯，有可能。"

妈妈："一会儿你可以问问姥姥，就可以找到姥姥着急回来的原因。在幼儿园门口玩也没问题，下次我去接你的时候你随便玩儿，你老妈我眼神儿可好了！"

当有一些话是说给自己听时，很多时候是为了让自己消化某种情绪。不要通过表象来理解每一个行为，真正的核心在感受，在情绪层面。

委婉的道歉

俊易正在全神贯注地做手工，他正屏着呼吸轻轻安插一个重要模块时，妈妈进来拍了他一下："小子，吃饭啦！"

哗啦！零件撒了一地！

俊易看着满地的零件，急得原地打转，他的情绪瞬间爆发了："我说了多少次了？我说了多少次了！进我房间的时候要敲门，要敲门！妈！你怎么总也不敲门呢？还有你碰我干吗，你没看我正在关键时刻吗？！"

俊易妈妈看着满地的"狼藉"也非常不好意思："好的，好的，知道了，我先出去，我先出去，你收拾好出来吃饭啊。"

过了二十几分钟，俊易从房间里出来，走到妈妈身边，有点不好意思地轻轻用胳膊碰了她一下："妈，家里……那个……还有酸奶吗？"

"昨天不是你买的酸奶吗？还是你一个个码到冰箱里去的，你现在又来问我？"

"嗯，行吧……那你喝酸奶吗？"

"我不喝，这都要吃饭了，喝什么酸奶！"

"哦……"

> 我们用 Before 式的思维方式来还原事件，俊易为什么要问"妈，家里……那个……还有酸奶吗？"
>
> 1. 他想喝酸奶。
> 2. 他感觉刚才对妈妈吼了一下，情绪上很过意不去，想通过这样的互动缓解刚才传递给妈妈的不良情绪。

大家感受一下，俊易其实是第二种情绪，但显然妈妈并没有体会到俊易的真实意图，所以反问他："昨天不是你买的酸奶吗？"这种字面意思下的回答就让俊易感觉很尴尬，但他依然试图缓解刚才的情绪："嗯，行吧……那你喝酸奶吗？"这次又被误读成了字面意思，所以最后俊易只能以"哦"来结束交流了。

孩子的情绪语言不能被父母很好地解读，时间久了就会让孩子产生一种"懒得跟你说"的情绪，并且作为父母的权重也会随之下降。

但如果我们解读到了这个信息，那么故事的结局或许就会换个版本了！

◎故事改版◎

俊易："妈，家里……那个……还有酸奶吗？"（妈，刚才那个事儿我情绪没控制好，不好意思啊……）

妈妈："哦，酸奶啊，有，冰箱里呢！"（哦，那事儿啊，我这儿都过去了！"）

俊易："那你喝吗？"

妈妈："要不，我喝一个？"

之后，母子俩相视一笑！所有情绪瞬间化解。

很多时候，不是说"我错了，对不起"才代表道歉，只要对方是道歉的情绪，就已经代表对方有道歉的意思了。而有时即便说出"我错了，对不起"也不代表是真正的道歉，也有可能是"对抗"或者是为了迎合某人的情绪罢了。

妈妈，我真的知道错了

天佑是一名四年级的小学生，天佑妈妈是一名律师，一个非常理性的女人。有一天，天佑的班主任老师打电话给天佑妈妈，电话的主要内容是天佑在课间把一个同学的文具盒丢进了垃圾桶（天佑在学校总是搞类似的恶作剧）。

那天回到家，按照流程，天佑妈妈会和天佑谈话。

"天佑，你今天为什么要把同学的文具盒丢进垃圾桶？"

"妈妈，我错了。我这么做非常不对，我损害了同学的利益，要是我的东西被其他同学丢进垃圾桶，我也会不开心的，我下次不会这么做了，妈妈！"

"首先，每个同学的文具都是人家的私有物品，没有经过对方允许，你是不可以碰的；其次，把同学的物品丢进垃圾桶，违背了人与人之间文明交往的原则。"

"我真的知道错了，妈妈，我不会再违背文明交往的原则，一定在学校里团结好每一位同学！"

> 我们用 Before 式的思维方式还原天佑的情绪语言，他认错的原因是：
>
> 1. 真的体会到自己的问题出在哪儿了。
> 2. 孩子体会到在母亲面前这么表达是可以"过关"的，因为母亲很认可理性的沟通方式。

在体会和代入孩子的情绪之后，故事的结局或许就会换个版本了！

◎故事改版◎

"妈妈，我错了。我这么做非常不对，我损害了同学的利益，要是我的东西被其他同学丢进垃圾桶，我也会不开心的，我下次不会这么做了，妈妈！"

"天佑，既然你也认识到自己不应该这样，那么我建议你赔偿一下那位同学的损失吧，明天到学校问一下那位同学被你丢掉的文具盒多少钱，你就拿你的零花钱买一个相同或者相似的赔给人家吧。"

"啊……老妈……"

有时候，由于我们太把孩子当孩子，所以不但没有解读到孩子的情绪信息，反而被孩子读取了自己的真实情绪，这时候我们就被孩子"掌控"了！

相较于成人，孩子的认知是相对匮乏的，所以就造就了他们主要依靠感知来获取环境信息。从这个角度来讲，孩子的情绪获取能力是很强的，有时甚至强于自己的父母（这也是很多父母感觉"赢"不了孩子的原因）。

那么，你有没有想过？我们作为父母，可能很多时候并没有捕获到孩子的情绪信息，但我们自己的情绪信息却一直在被孩子精准捕获着……（请看第四章——孩子具备解读情绪语言的天赋）

本章总结

情绪无形地影响着我们对事物的评判，只有以高维视角跳出情绪的牵制，才能找到更趋于客观的答案。对于孩子而言，他们的思维与认知正处于建设阶段，所以暂不具备解读与验证自我情绪的复杂"运算能力"，那么，父母对孩子情绪的解读就决定了很多"故事"的结局以及发展方向。

第四章

孩子具备解读情绪
语言的天赋

　　梓宸爸妈在下班的路上因为一些琐事发生了争吵，快进小区的时候，他们停止了争执，并且各自调整好状态，梓宸妈妈挽着梓宸爸爸的胳膊上楼、开门……

　　这时候，冲过来迎接他们的梓宸突然放慢了脚步说："爸妈，你们刚才是不是吵架了？"

　　还在襁褓里的婴儿，闭着眼睛都可以评判出是不是自己的母亲在抱着自己。孩子在成长过程中，由于认知还处于建设阶段，所以主要靠感知来对周边的人和事物进行评判。这也是为什么很多人评价孩子是有灵性的，他们能获取很多大人们获取不到的信息，而这部分信息来源于感知。

　　超强的感知力不仅可以获悉事态的发展，还能够提前洞察一些潜在的危险，这些都是用思维很难捕获到的，身边具备这种能力的人往往被评价为：他们拥有超强的第六感或者超强的感应能力。

Part 1
孩子具备解读情绪语言的天赋

一个孩子在摔倒的时候会不会哭闹，往往取决于他有没有获悉父母关切的情绪；一个孩子在生病的时候会不会撒娇，往往取决于他有没有获悉父母怜惜的情绪；一个孩子在犯错后会不会反思，往往取决于他有没有获悉父母宠溺的情绪……孩子在获取父母的情绪和态度方面是极其敏锐的。

小时候，你正趴在桌子上写作业，你的母亲正在打扫卫生。这时，你的好朋友们冲进来喊你一起出去玩儿，想一想这时候你会做什么？

1. 观察了一下，老妈打扫卫生的姿势和状态都没有发生任何变化，这时候你往往会冲着好朋友说："我不去了，我作业还没写完呢！"其实是你捕获到了你妈不想让你出去玩儿的情绪信息。

2. 观察了一下，老妈一看好朋友们来了就很自然地到另外一个房间去打扫了，这时候你往往会冲着另外一个房间喊："妈，我出去玩一会儿啊，晚饭前，我肯定会回来，作业也会在睡觉前全部写完的！"

这时候你捕获到的情绪信息是：老妈让我自己做决定。她既然这么宽容，我也得拿出态度来，所以我告诉老妈，我玩儿是有节制的，我知道什么时间回来，回来应该做什么！

3. 观察了一下，老妈对好朋友们笑了笑，又冲着正在写作业的自己点头示意了一下，这时候你就会风一般地冲出去，边跑边喊："妈，我出去玩啦！"

这时候你获得的情绪信息是：我妈是同意我出去玩儿的！

孩子具备非常强的感知能力，只要父母在某种情绪当中，即便没有通过语言表达，也会被孩子获取这些情绪信息的。

莫名的哭泣

小艾，三年级，期中考试考得不是很理想。晚上，小艾上床休息了，小艾爸妈坐在客厅讨论是不是应该把小艾的兴趣班停掉一些。

爸爸："我觉得应该把网球课停了，上课的地方离家太远了，上下课的路上太耽误时间。"

妈妈："她本来在学校运动就少，再把网球课停了，孩子运动量就不够了。要不把围棋课停了吧，让孩子多些时间活动活动……"

　　小艾爸妈正在讨论着，小艾从房间出来上卫生间，妈妈立刻就不讲话了，转向问小艾："小艾，还没睡啊？"

　　"嗯，我上卫生间，你们不也没睡吗？"

　　"哦，我和你爸马上就睡了，你上完也赶快睡吧，明天还要上学呢！"

　　"好的，你们没事儿也睡吧。"

　　小艾从卫生间出来就直接回房间了，小艾爸妈又简单讨论了一下也准备回房睡觉了，可是小艾妈妈有点不放心小艾，就推开孩子的房门走到小艾的床边，仔细一看，小艾正拿被子蒙着脑袋，默默地掉眼泪呢。

　　小艾妈妈轻轻坐在床边："小艾，你怎么了？"

　　小艾瞬间哭出声来："我下次好好复习，好好学习还不行吗？能不能不要停掉我的兴趣班，那些可都是我的最爱啊，妈妈！"

小艾妈妈让小艾坐起来，很温和地对她说："小艾，爸爸妈妈刚开始是有这样的想法，但刚才看到你，妈妈也进行了反思。不管是学习成绩，还是兴趣班的选择，都是你自己的事情，我和你爸爸不应该对你的选择有太多的干涉。"

小艾虽然还在流眼泪，但是情绪稳定了很多："谢谢妈妈，你相信我，我会协调好各科学习时间的。"

"我相信，一直都相信！不哭了啊！"小艾妈妈帮小艾擦了擦眼泪，又轻轻亲了一下她的眼睛："晚安了，小艾。"

"嗯，谢谢妈妈！"

孩子在捕获父母情绪方面是非常敏锐的，一句话，一个眼神，一个表情，一丁点儿的情绪流露都会被孩子捕获到。不仅是现在的孩子如此，我们是孩子的那会儿也是如此。

放学回到家，先看老爸在，还是老妈在。如果是老爸在，并且表情略微严肃，就立刻回自己的房间写作业；如果感觉他情绪还是比较愉悦的，那么就先看会儿电视、吃点零食再去写作业；而如果是老妈在，就直接把书包扔沙发上，然后大喊一声："妈，我饿了！"接着坐下来边看电视边等晚餐，写作业的事情直接抛之脑后！

想要真正了解孩子的感知力，想想我们是孩子那会儿的经历和经验，便会立刻找到答案。所以掩耳盗铃的事情，还是少做为好……

爸妈，请不要为了我凑成一个家

讲述者：小蕊（十六岁，高一）

（小蕊的父母离婚了，但是为了不影响小蕊的学习，他们两个约定好，离婚不离家，直到小蕊参加完高考。）

那时候感觉家里的争吵声突然在某一天消失了，替代它的是"你先来吧"的谦让声；爸爸从主卧搬到了次卧，他说呼噜声太大，怕影响妈妈休息；妈妈时不时地拿着手机露出娇羞的微笑；爸爸回家的时间越来越晚，有时候也会彻夜不归，而妈妈不会像往常一样盘问，更不会歇斯底里地发火……

爸妈会一起带我出去看电影，不会为看什么影片而争论，爸爸反而化成了一句："你们想看什么，我去买票。"

妈妈和爸爸同时拿着衣服到洗衣机前，妈妈居然没有给出无数个她的衣服要先洗的理由，而是轻描淡写地说了一句："你先来。"

我感觉非常奇怪，为了验证，我问妈妈："妈妈，你当年为什么会嫁给爸爸？"

"哎，那不是到了结婚年龄了嘛。"

我问爸爸："爸爸，你当年为什么会娶妈妈？"

"为什么娶妈妈？这个问题，我得想想……"他们的回答都很平淡，没有一丁点的温存，我感觉我的爸爸妈妈好像离婚了，但是为了我，为了我的学习还生活在一个屋檐下。我不断告诉自己，我必须好好学习，爸妈付出了那么多，他们两个人都为了我，牺牲掉了自己，忍在一个屋檐下。或许我学习好了，爸妈还可以走到一起……

我越是这么想，在课堂上就越是走神儿。经常在下课铃响起的时候，我才意识到我居然盯着黑板盯了一节课；经常在又绕到学校门口的时候，我才意识到其实我是想要回家的；经常在同学提醒的时候，我才意识到吃饭时我又把眼泪掉到了餐盘里……

我好像魂不守舍了，在这样的情绪里，我考了人生中第一个 59 分，成绩没有及格……

妈妈又开始了歇斯底里，不过我能感觉到这不是为我，而是为她自己，为自己的决定，为自己的委屈感到不值，她没有换回她想要的，而我已经确定了，她和我的爸爸真的离婚了……

我开始睡不着觉，睡不着觉的时候我就在想，以前能睡着的时候，是按什么步骤睡的呢？我好像需要先闭眼，然后呼吸渐渐变慢，可是我却把自己憋醒了，透不过气。

哦，对了，数羊可以让自己睡着，我应该数什么羊呢？绵羊，还是山羊？万一数着羊，跑进来一只牧羊犬，我数还是不数？

姿势，还有姿势，我应该用什么姿势入睡呢？侧卧，还是平躺，我习惯的睡姿是什么来着？

睡不着，最多只能迷糊一会儿，但很快，我会被剧烈的心跳震醒，然后惊慌地问自己，这是哪里？这，到底是哪里？模糊中看到了自己的书桌，自己的壁画，自己的衣橱，我慢慢确定这是我的房间，我在自己的家。家，家？我还有家吗？之后，我会默默地抱着自己，无声但很剧烈地哭泣……

很痛很痛的时候，无法呼吸的时候，我会狠狠地掐自己，掐自己也无用的时候，我会用工具在手腕划出一些痕迹来，那时候我感觉很解脱，心里会有一丝的轻松……

第二天一早，我还会拿起桌上的三明治就往外跑，告诉爸妈我上学来不及了。

这样的日子我不知道过了多久，突然有一天我在学校晕倒了，老师把我送到医院，我爸妈好像知道了我所有的事情，我妈一边哭一边拍着我，问我为什么那么傻，我感觉我很想哭，但是却没有力气，只能从嘴巴里挤出几个字："我不想……不想你和爸爸为了我，凑成一个家……"

有没有听过一句很熟悉的话：我都是为你好！我相信这是父母们发自心底的表达。但真正地为孩子好，是代入孩子的情绪，体会他的感受和想法。

小蕊的爸妈离婚了，从表象来讲，生活似乎和睦了许多，可从情绪上来看已经形同陌路。这种内外的不统一带给小蕊的是一种叫作"拧巴"的情绪。在这种情绪下，她没办法悲伤，因为父母的关系从表象上看是很好的；她也没办法发脾气，因为父母真的认为是为了她好；她更没有办法挑明，因为她理解父母隐瞒的意图。但她自己却越"拧"越紧，越陷越深……

很多付出，是不是能达到为孩子好的效果，只有代入了对方的真实情绪我们才能体会。

例如：孩子背着书包刚进门，父母立刻停止了争吵。孩子问："爸妈，你们又吵架了？"父母答："没有啊。"这时孩子会怎么想？难道孩子不能从情绪层面捕获些什么吗？

大家体会一下这样操作呢：父母继续争吵，让孩子通过争吵感受到发生了什么。一个人的恐惧往往来自未知，一旦让孩子知道父母为什么吵架，他就不会在猜测中越来越无措了。

再例如：父母刚参加完孩子的家长会，老师在家长会上点出了孩子最近成绩下滑的问题。回到家，孩子问："爸妈，老师是不是因为我的成绩跟你们说什么了？"父母答："没有，老师说你最近挺努力的……"难道父母回答没有，孩子就会认为是真的没有吗？

从情绪获取的层面来看，尤其是孩子对家长情绪的获取，无论父母对事情的描述添加了怎样的个人色彩，孩子总能捕获到最真实的那个信息。所以我们的为孩子好，要建立在他能够捕获到很多真实情绪信息的前提下，而不是我们"认为"他不知道。

两次都没有买到的奇趣蛋

讲述者：诚诚爸爸（诚诚，五岁）

"老爸！"儿子一脸兴奋地瞪着眼睛看着我，我不知道发生了什么，一脸奇怪地看着他。"老爸，你不是答应我，今天下班回来会给我带奇趣蛋的吗？"

我拍了下脑袋："对不起，儿子，我忘了！"

"没关系的，老爸，我们一起去买吧！"

"啊？现在啊？现在已经九点了，楼下的小卖店已经关门了。"

"小卖店关门了，那沃尔玛也关门了吗？"

我含含糊糊地说了一句："沃尔玛也快关门了。"

"那沃尔玛几点关门？"

我非常不情愿地说了一句："十点。"

儿子立刻兴奋地跳起来了："老爸，沃尔玛十点才关门，我们走过去刚好能买到奇趣蛋！"

我小声嘟囔了一句："那可不一定，可能走过去正好赶上关门……"

诚诚好像根本不顾及我表达了什么，突然在我面前消失了。我以为这孩子放弃了，心里瞬间轻松了，我打开电脑打算处理一点"公务"，谁知道过了几分钟，这孩子穿戴整齐地出现在我面前：帽子、围巾、手套都戴好了……

"诚诚，你先在爸爸电脑上找一个你爱看的动画片看几分钟，我去上个厕所。"

进了厕所我就开始嘀咕："这孩子怎么这么倔呢，为什么非要大晚上去买什么奇趣蛋，关键是天还这么冷，其实也没关系，他一看自己喜欢的动画片就会把这事儿给忘了。"于是我就在厕所刷手机，这一刷手机就没什么时间概念了，时间一下子过去了快半个小时，我赶快跑出去看看诚诚在干什么。

他根本没有用我的电脑看动画片，而是坐在床上等我呢，因为做好了"全副武装"，脸上已经在冒汗了！他从床上跳下来一直问我："老爸，现在可以出发了吧？"看着他脸上的汗水，我突然觉得好愧疚，穿上衣服拉着他就出门了。虽然沃尔玛离我们家只有十几分钟的步行距离，但由于我的耽搁，超市已经只准出不准进了，诚诚看着超市门开着不能进，急得直跺脚，边哭边喊："爸爸，我的奇趣蛋，爸爸，我的奇趣蛋……"

我瞬间愧疚地感觉自己的心脏都是疼的，我蹲下来拉着诚诚的手对他说："今天爸爸一定帮你买到奇趣蛋！"

诚诚把手挣脱开："我不相信你，我不能再相信你了，你今天根本就不想给我买！"

我用几秒钟控制了一下情绪，然后很诚恳地对诚诚说："今天是爸爸不对，刚开始我确实是想偷懒的，但现在你一定要相信我！"说完我就带着诚诚去寻找周围24小时营业的便利店，结果到了便利店门口，发现便利店也关门了。由于即将过年与疫情的综合因素，便利店更改了营业时间。

我丝毫没有犹豫地拉起他："没关系，诚诚，旁边还有一家，我带你去！你走不动了是不是？来！老爸背着你！"

我背着他又走了将近一公里，终于找到了一家24小时营业的便利店，但店里并没有诚诚要的奇趣蛋。走出这家店的同时，我立刻拿出手机继续搜索周围的便利店。

"爸爸，我们回家吧，奇趣蛋明天再买吧！"小家伙一边说一边拉着我，哼着歌儿往家走，回到家很满足地洗漱睡觉了。

我很纳闷儿：他为什么没有哭闹？我后来不是依旧没有买到奇趣蛋吗？他为什么不但不委屈反而很满足？

但是我立刻就想明白了，是我前后态度的差别，最开始我确实很不想出门，不想带他去买的，诚诚捕获到了这一点，所以在看到沃尔玛关门的时候，委屈地哭了出来。但后来由于我体会到了他的委屈情绪，全心全意想要帮他买到奇趣蛋的时候，他也体会到了我的真诚，所以他满足了。

想想我小时候又何尝不是如此呢？很多时候，我们要的不过是父母的态度罢了。

九岁的时候，母亲把我最喜欢的一个弹弓落在公交车上了，母亲想起来之后，二话没说，骑上自行车就到公交总站去找。她找到了她乘坐的那辆公交车，但是弹弓已经不在公交车上，被别人捡走了。看到母亲回到家时的状态，上衣已经完全被汗水浸湿了，我赶快跑过去安慰："妈，弹弓找不到没事儿，我手艺很好的，我可以做个更好的！"母亲摸着我的脑袋感觉很抱歉，又感觉很欣慰。

我好像突然懂了小时候的我，也懂了我儿子，当时虽然已经是凌晨，但我打车又出发了，找到了一家便利店，买了一盒我儿子喜欢的奇趣蛋，放在了他的枕头边。我希望他一觉醒来就能读懂我的情绪，也希望他能原谅我之前的态度，重拾对我的信任以及感受到我这个老爸对他深深的歉意和深沉的爱。

其实每个人都一样，很多时候要的只是个态度罢了。孩子更是如此，因为越是低年龄段的孩子，越是依赖父母，越需要父母真诚的态度和真诚的陪伴。

孩子问了家长一道数学题，家长草草看了一眼题目说："太难了，还是明天问老师吧。"和家长仔细阅读了两遍，也尝试了一些方法，但最终并没有解出来，之后有点无奈地说："太难了，还是明天问老师吧。"感受一下，孩子会接受哪种回答呢？

别用敷衍的情绪对待孩子，就像我们小时候也不希望父母用这种情绪对待我们一样。

Part2
孩子具备获取属性信息的天赋

孩子生病了，见到特别关注身体健康（个人属性）的妈妈，就会委屈地投入妈妈怀里，抹着眼泪说："妈妈，我不舒服……"见到不喜欢任何人借着生病撒娇（个人属性）的爸爸，就会立刻坐好并且解释："爸爸，我可能是因为昨晚没盖好被子感冒了，但很快就会好的！"

孩子会根据父母不同的属性，下意识地输出与对方属性相匹配的行为，而每一种行为输出对他而言都是真实的（其实我们成人在社会环境中的互动也是如此）。

有些委屈是在你面前才有的

琳琳六岁，她的爸爸妈妈周末晚上要和大学同学一起聚餐，琳琳坚持也要一起去。晚上，大人们欢聚一堂，孩子们也都兴高采烈。

一会儿玩纸牌游戏，一会儿追逐打闹，一会儿抢着吃水果，一会儿又抢着看平板电脑，大人们聊得酣畅淋漓，孩子们玩得不亦乐乎。

不知不觉就到了十一点，大人们的聚会散了，孩子们也跟着回家了。在回家的路上，由于太累，琳琳就在车上睡着了。

到了家，琳琳睡眼惺忪地推开门，发现姥姥还坐在沙发上看电视。姥姥看到孩子心疼极了："琳琳，你怎么困成这样了？快到姥姥这儿来。"

琳琳立刻委屈了："姥姥，我困……我特别累，嗓子还有点儿疼。"

"你先去洗个手，姥姥马上给你煮梨水。"

"我不想动，姥姥，我太累太困了。"听到这句，姥姥立刻站起来把琳琳的爸妈批评了一顿："你们疯就算了，居然还带着孩子，有这么不负责任的父母吗？"之后又转向琳琳，温柔地对她说："姥姥去给你拧个热毛巾，你等着。"

"嗯，姥姥最好了。"说着琳琳便蜷缩着瘫在了沙发上。

是什么让琳琳一下子就进入到委屈和娇弱的状态里？是姥姥的个人属性与关切情绪。

有的家长也发现了孩子面对不同属性的人，就会有不同的行为输出，这难道是孩子在表演吗？为什么变得那么快？当然不是在表演，每个人的情绪输出都是随着环境以及环境中不同属性的人群而改变的。

例如：我们在小区里见到认识的人打招呼，你有没有感受过自己的情绪是不同的？你见到年长的大爷大妈是如何打招呼的？你见到自己的同辈人是如何打招呼的？你见到小朋友又是如何打招呼的？打招呼的情绪相同吗？语气语调有变化吗？

如果你见到的是婴儿车里的小宝宝，你会不会非常温柔地，用甜甜的语气表达："小宝贝，你好可爱哦！"

在正常情绪下，我们面对不同属性的对象是用不同情绪来回应的，那么孩子也是如此。想要改变孩子的行为输出，通过改变我们自身属性以及对待他们的态度便可以实现。

孩子爱撒娇

窦文浩（三年级）特别委屈地抱着妈妈说："妈妈，我们班同学老给我起外号，他们都叫我'小逗号儿'！"说着就依偎在妈妈怀里，文浩妈妈非常疼惜自己的儿子，用手轻轻拍了拍他的后背说："那你觉得他们为什么给你起这个外号呢？"

"因为我瘦呗。"

"那你为什么瘦呢？"

"因为我不好好吃饭。"

"那咱们以后好好吃饭是不是就可以摆脱这个外号了？"

"嗯，妈妈说得对！"说完，文浩更加深深地依偎在妈妈舒适、温暖的怀里了。

文浩妈妈很担心孩子的这种情绪会蔓延，所以就向文浩的一位同学妈妈倾诉，希望她能给自己出出主意，想想办法。

可是同学妈妈却说："你儿子在面对别人这么叫他的时候并不委屈啊，反而感觉很亲切。"

文浩妈妈感觉非常震惊，直到有一次她亲眼见到班里的同学叫他"小逗号儿"的时候，他不但没有任何反感情绪，反而欣然回应。

文浩妈妈突然想到文浩以前在上体育课的时候，经常到传达室给自己打电话说："妈妈，我头好晕，好难受。"其实是他不想上体育课；还有晚上睡觉前说白天在班里哪个同学欺负他了，其实是想和妈妈一起睡；有一些比较有营养的食物，他说他不爱吃，其实是想让妈妈喂，因为文浩妈妈很在乎孩子的身体健康，所以就会喂他吃……

"天哪，我好像被他'吃定了'！"

孩子从情绪层面捕获到妈妈很在意自己的身体，以及很在意自己在学校会不会被欺负（包括起外号），所以文浩在想要母亲关爱或者妥协的时候，他会下意识地拿"自己的身体"和"自己被欺负了"和母亲讨价还价。

孩子和自己的互动方式取决于孩子在我们这里获取了怎样的情绪信息，并且由于是下意识获取的，所以很多孩子在思维层面也没有意识到自己的行为输出是源自这些。

故事的反转：在文浩妈妈感受到是自己的情绪影响了孩子的行为输出后，她改变了自己与孩子互动的方式。

有一天她正在工作的时候，文浩从学校传达室打过来一个电话："妈妈，我头好晕，可能是中暑了，你赶快来接我。"

"你是什么时候感觉头晕的？"

"就在刚才跑步的时候，头一下子就感觉特别晕……"

"哦，你等一下，我先回个邮件。"大约一分钟过去了，"文浩，你刚才说什么，我这儿有点忙，我忘记了。"

"妈妈，我说……"

"不好意思，文浩，你再等一下。"

这样反复两次之后，文浩那边撒娇的情绪已经没了一大半，这时文浩妈妈拿起电话继续说："文浩，我大概明白怎么回事了，你先自己克服一下，不行你就让体育老师给我打电话，我这边太忙，先挂了。"

挂了电话之后，文浩妈妈给文浩的班主任打了个电话，说明了一下情况，班主任紧接着就到操场上看了一眼，并没有发现文浩有什么异常。看来，妈妈没有给他可以撒娇的情绪，他在妈妈这里也没有找到情绪的出口，只能乖乖地回去上体育课了。

每个人在不同环境、不同对象面前都会呈现出不同的属性和行为方式，所以我们经常会说孩子在学校和家里不是同一个人，在老师和自己面前也不是同一个人等等，就是因为他们接收到的情绪信息是不同的。

有些家长看到自己的孩子是沉默寡言的，但很可能孩子在其他的环境里是侃侃而谈的；有些家长看到自己的孩子做事情总是很敷衍，但很可能孩子在学校做事情是很认真负责的；有些家长看到自己的孩子是情绪化的，但很可能孩子只有在你面前才是没有理性的……

A 与 B 在互动过程中，A 看到的 B 的个人属性，是在 B 捕获到 A 的某种情绪或者属性信息后的一种整体行为的输出。简而言之，B 只有在 A 面前才有这样的行为输出，在其他人面前都会有属性或者程度上的差别。（如若不容易理解，可把 A 代入上文

中的妈妈，B 代入上文中的孩子）

　　孩子的很多习惯性的行为输出，是家庭环境或者家长属性造就的，发现环境变化给孩子带来的行为变化，验证自我情绪（见第五章）给孩子带来的行为变化，我们才能真正了解孩子的行为是如何产生的。

Part3
孩子是情绪层面的"大人"

在获取情绪信息层面，我们和孩子是平等的

> Super 两岁的时候，有一次她老爸刚理发回来，见到 Super，就轻轻捋了一下自己的头发问她："Super，你看我理的新发型如何？"
>
> Super 竖起大拇指说："很如何！"

孩子和大人在同一情绪里，完全可以捕获大人们想传递什么样的情绪信息，只是在表达时，词汇量有限罢了。

再举个例子，大家体会一下。

> Super 大概一岁的时候，穿着鞋子在沙发上蹦蹦跳跳，我父母对这个行为是忽略的，都认为孩子嘛，就让她跳吧。
>
> 可是她老爸却不这么认为，先是摆了摆手示意她停下来，然后坐在沙发上放慢了语速跟她讲："Super，沙发是用来坐的，

不是用来穿着鞋踩的，你把沙发踩脏了，其他人还怎么坐呢？"

当我父母都认为一个一岁的孩子，不可能听懂这些的时候，Super 伸了两下小舌头又低头扣了扣手，她显然是体会到了自己这么做不太合适，所以有点不好意思了。接着 Soldier

便开始帮她缓解尴尬："现在你是要自己下来，还是让我抱你下来？"

"爸爸，抱！"她很欣然地选择了后者，Soldier 也借着抱她下来的契机，顺势将她举过头顶，带她"飞"了出去……故事是以 Super"咯咯咯"的笑声结束的。

通过几句简短的交流和"举过头顶"的互动，让 Super 既明白了沙发的"功能"，又体会到了老爸对她的爱护情绪，因为 Soldier 帮她缓解了被批评后的尴尬，保护了她的自尊心。

不要说孩子听不懂我们在说什么，情绪是最真实的语言，而孩子在获取情绪层面的天赋，是远远超出我们父母认知的。

别把孩子当孩子

讲述者：张洪磊（四年级）

我哪科都可以考得不好，但英语绝对不行，因为我妈是学校教英语的老师。要是自己儿子英语成绩很差，我妈会崩溃的，太没面子了！我妈对我要求特别高，我只要是在学校不认真听课或者捣乱了，我妈回家就会立刻罚我站！但是这些都不重要，因为一切都会在我爸回来的那一刻被终结！

我一看我爸回来了，就开始哭，向妈妈求饶："妈妈，我再也不敢了，我真的知道错了，我饿了，想吃东西……"

这时我爸就会很激动地冲进来，声色俱厉地对我妈说："有你这么教育孩子的吗？居然让孩子饿肚子？"

> 这时候我妈和我之间的矛盾就成功转化成我爸我妈之间
> 的矛盾。之后我装个可怜，向我爸做个保证，就总能过关的。
> 　我爸小时候缺少父爱，所以他特别心疼我，怕我在这方
> 面也会有缺失。这就是为什么每次我妈惩罚我的时候，我只要
> 在我爸面前哭一哭，他就受不了了……

以上表达来自一个四年级的小学生。由于以往我们看待孩子的视角（年龄、认知），让我们根深蒂固地认为他还是个"孩子"，而就是这样的一个孩子可以轻松解读父母的属性以及情绪信息。从这个角度来看，很多时候父母"赢"不了孩子，是因为孩子在情绪层面往往是占上风的。

但从另一个层面来讲，既然孩子拥有获取情绪信息能力极强的特质，那么很多信息的传递，只要情绪到位，便能够被孩子获取，所以不存在孩子不懂事的说法。只要沟通方式正确，每个孩子都可以"听得懂"我们在"说什么"。

*Part*4
用同情绪下的信息传递助力孩子成长

一年级小学生的困惑

◇◆ 故事 1 ◇◆

如果我肚子疼了该怎么办

有一天刘璟烨放学回家一直都是心事重重的，吃晚饭的时候也没什么胃口。璟烨妈妈问他："你怎么了？"

"妈，我发现我们班经常有同学因为肚子疼请假，但是我感觉班主任老师并不喜欢大家总请假。我在想，如果有一天我也肚子疼，我要不要请假？"

璟烨妈妈愣了一下，她没想到孩子会因为这样的事情而困扰，所以就回答了一句："你怎么知道老师不喜欢大家总请假？"

"我感觉到的啊！"璟烨非常坚定地回答。

"你的感觉也不一定对吧。"

在璟烨妈妈回答完这句之后，璟烨明显感觉两个人的对话没

在同一个点上，他离开餐厅，走回自己的房间把门关上了。从此这个事情就像一团乌云一样盘绕在他情绪的上空。

孩子已经从情绪层面读取到的信息，不是家长从思维层面给予一句"你的感觉也不一定对吧"就可以化解掉的。当然也不是一些表面的道理就可以解决孩子现有的问题，别把孩子当孩子，和对方在同一情绪里传递信息，这才是核心。

没过多久，璟烨见到我的时候把这个问题重新提了一遍，接着我问他："你觉得老师为什么不喜欢同学们因为肚子疼总请假？"

璟烨："我觉得应该也不是所有人都是真的肚子疼。"

"嗯，有可能，还有吗？"

"那我就不知道了。"

"璟烨，你知道一名小学的班主任老师，每天除了上课之外，还要处理很多事务性的工作吧。"

由于对方可能不太明白"事务性工作"是什么意思，所以以上这句根据对方年龄转而表达为："璟烨，你要知道一名小学的班主任老师，每天除了上课之外，还要处理很多学校以及学生的事情。拿学生方面来举例，会有上课迟到，没带作业、教科书、文具，还有课上不遵守纪律，课下和其他同学闹矛盾等等。"

"没错，田老师，我们老师每天都要做这些事情的。"

"面对这么多事情，老师是随时都要判断的。"

"田老师，什么是判断？"

"就是谁对，谁错，谁真，谁假。除了事情很多，这些判断也牵扯了老师的精力，所以在这种情况下，老师的情绪可能会偶尔有些烦躁。你感受一下是不是这样？即便是这样，也并不代表你需要帮助的时候，老师会有情绪，或者不对你进行帮助。"

"那我如果真的肚子疼，我是说还是不说？"

我说："不是等到你肚子疼的时候说不说的问题，是你现在有这样的困惑，就可以寻求老师的帮助啊！"

"哦！对！"这孩子在说话的同时眼睛亮了一下，这说明他理解了这些问题都是可以跟老师真诚互动的。我接着表达道："璟烨，你们班有没有完不成作业的学生？"

"有啊！"

"那如果到交作业的时候，没完成作业的学生有没有说忘带的？"

"哈哈，田老师，你怎么知道？"

"那你觉得老师能不能通过你们的回答，判断出是真的没带，还是没写完？"

"我觉得老师是可以的。"

"那难道老师就判断不了你肚子疼的时候是真还是假吗？如果你是真的肚子疼，你在担心什么？"

"哇！原来是这样，原来是这样！"

别把孩子当孩子，不是把对成人的要求复制到孩子身上，而是对待孩子的态度以及情绪像是对待成人一样。有很多家长会这么表述："田老师，您一定是把孩子当成人的吧？"其实在我的意识里孩子就是成人，没有"当"这个概念，所以对成人是怎样的情绪，对成人有怎样的思维层面的启发，我在面对孩子时也是

113

一样的。我会关注孩子发现了什么问题，以及他是如何思考这个问题的，我能不能给他更多的思维视角，更高的思维维度。唯一不同的就是在语言输出的时候，要搜索一下和对方年龄段相匹配的词汇。

别把孩子当孩子，让他们从我们的情绪层面获得更多的信息，将会给孩子带来更多的内在成长。

◇◆ 故事 2 ◆◇

我为什么要上小学

2020 年夏天，Super 在得知自己马上就要成为一名小学生之后，便陷入了焦虑情绪，她总是时不时地试探："老爸，我能不能不上小学？"或者"老妈，我能不能继续上幼儿园？"

这样的情绪持续了差不多一周的时间，有一天我在公众号上看到一处北京周边游玩的地方，感觉很不错，所以我就跟 Super 说："这个地方感觉不错，咱们可以找个时间到那儿过周末。"

"我可不要上小学！" Super 居然接了这么一句。我瞬间明白了，她认为我在影射她，她获取的信息是：等你开学了，周末放假的时间，咱们可以到那儿去过。她心里一直惦记着"上学"这件事情，所以我们表达的一切内容，她都自动和"上学"挂钩。

我和 Soldier 觉得有必要指导一下 Super 的想法了，而不是简单的一句话："不上学不行"。

七月里的一天，天气不错，我们带着 Super 去看看她即将要进入的小学，去看看学校的外观和地理位置等等。Super 有些抵触情绪，骑着滑板车跑在前面，我和 Soldier 走在后面。

> 由于是疫情防控期间，只能从外部参观，所以"观摩活动"很快就结束了。接下来，Super 要去学校旁边的公园骑滑板车，我们便带着她去了，她玩儿得很开心，在公园的空地上一圈圈地滑着。最后饿了，累了，才肯回家。

想要跟孩子谈一谈、聊一聊，要确保孩子和我们是在同一情绪里的。无论孩子是在抵触还是亢奋情绪里，都不利于交流的进行。情绪在一起就好比一根数据线，这头连着你，那头系着我，这样才能实现信息的传递。而孩子在个人情绪里的时候，相当于是拒绝这个数据线连接到自己"身上"的。

从这个角度来看，无论是在参观学校的路上，还是在公园里的任何一个时刻都不适合聊"上学"这个话题，因为她处在根本不接受这方面信息的情绪里。

> 回到家，Super 困了，她很快就睡着了。我和 Soldier 在一旁做着自己的事情，静静地等她醒来。两个小时后，她醒了，Soldier、我，还有 Super，我们一起坐在地毯上，计划好好聊一聊。（这时候大家的情绪都很稳定，有利于信息的传递）
>
> Soldier："Super，你知道幼儿园和小学有什么不同吗？"
>
> Super："不知道。"
>
> Soldier："你马上就要进入九年义务教育阶段，什么是义务呢？就是我和你妈在你成年之前有抚养你的义务，我们能不能因为你调皮、淘气就不管你呢？"
>
> Super："那肯定不行！"
>
> Soldier："没错，因为我们对你有抚养义务。就像你在

现在这个年龄要接受教育一样，不管你有什么样的想法，接受教育是必须。就像我当年服兵役一样，是我应尽的义务，参军入伍是必须！这里面不需要掺杂任何个人情绪！"

Super 从情绪层面感受到这是必须了，所以语气坚定地说"我明白了，老爸！"紧接着，她又疑惑了："可是我并不知道到学校里去干什么，是不是要参加期末考试？"

Soldier："期末考试只是义务教育时期占比非常少的一部分内容，学校注重的是一个学生整体素质的全面提升与发展。你要记住以下五个字，'德、智、体、美、劳'！"

Super 很疑惑："什么是'德、智、体、美、劳'？"

Soldier："'德、智、体、美、劳'是五种素质与能力的发展方向。'德'是品德的德，德这个字，包含着高贵、高尚、良好的素质素养等很多美好感受。你很小的时候有一次在陶然亭公园，看到几个小男生在湖边捞鱼，当时你问我：'这里是不是不让捞鱼吗？'这个问题代表你对自己有自觉遵守公共秩序的要求，这就是有觉悟、有涵养的体现，这种行为可以称之为'有德'！"

Super 微笑了一下，很开心被老爸表扬了。但是 Soldier 的话锋马上微微调整。"还有真诚也是'有德'的一种体现。以前你拿着吃不了的雪糕跟我说：'老爸，你要是一口能把它吃掉，你就特别厉害！'你的那种表达就很不真诚，你不如直接说：'我吃不了了。'不要以为你的小心思别人看不到。"

"啊！老爸，那都是人家小时候的事情了，你还说！"其实这个"小插曲"就发生在一两个月之前，Super 这么表达，说明她有点不好意思了，但情绪还是比较愉悦的。

Soldier："好，行吧，小时候的事情就不提了。再说说'智'，智代表的是智慧，智首先包含着文化知识，其次代表着逻辑、思维等一切解决问题的方式方法。你说你连字都不认识，哪来的智慧？"

Soldier 拿 Super 打岔了一下，我也借机说了一句："开心（xing）。"

Super 总是把开心（xin）读成开心（xing）。

Super 站起来堵我的嘴巴："老妈，都说了，不说小时候的事情了。"

"好了，好了，不说了。"我轻轻地回应道。

Soldier 继续表达着："去年，我带你去朝阳公园，出来的时候你找不到出口了，但如果你识字呢？是不是这个问题就很好解决？你跟着指示牌上的指示就出来了。如果没有指示牌，你也可以根据你的位置、出口的方位以及你进来时候所记忆的建筑找到出口，这些都是智慧和有能力的体现。"

Super 笑了："我当时还跟在几个小姐姐后面去找沙滩节，老爸你指着一个牌子（指示牌）告诉我走错了，沙滩节不在那边，在这边！"

Soldier："没错啊，你要是认字的话，至于跟在人家后面走那么远嘛！"

Super 开玩笑地说："老爸你讨厌，不早告诉我！"

Soldier："唉，我们就喜欢欺负不认识字的小朋友！"哈哈哈，我们三个集体哄堂大笑。

Soldier："再说说'体'代表什么？"

Super 抢答："体育，我在幼儿园上过体育课！"

Soldier："体，首先代表身体，因为有个好身体是做好一切事情的基础！

你上幼儿园中班的时候，有一次和几个小朋友在幼儿园门口相遇，你们聊着天往幼儿园里走，结果测体温的时候，校医说你发烧了，需要到医院检查一下是什么引起的，当天不可以上幼儿园了。所以人家几个进去了，就你一个人被卡在了教学楼外面。你看着小伙伴都进去了，那个不甘心啊，你跑到幼儿园门口和保安叔叔说：'我今天发烧了，不能上幼儿园了，但是我明天，我明天一定会来的！'"

Super："不甘心，当时确实不甘心！"

Soldier："没有一个好身体，你可能没办法做自己想做的事情，即便是去做了，效率也很低。上学之后有体育课，能够强健你的体魄，让你有一个好身体，而一个好身体可以支撑你做你想做的事情！"

Super 立刻从地毯上站起来大喊了一句："体育课，我来啦！"

我拍了下她的小屁股，把她抱在怀里："还没开学呢，你去哪儿？"

Soldier："Super，你来说说，接下来该是哪个字了？"

Super 坐回到地毯上："德智体美，是美，美，我知道，是美术课，我在幼儿园也上过！"

Soldier："'美'是爱美的美。美，不仅是美术，美是各方面的美，包括你的穿衣打扮、审美等等。美是提升你的审美能力，让你可以发现美、创造美！

上次我们一起去爬山，你穿了一整套的运动衣，可是配了一双凉鞋，那双凉鞋和你整体的着装就很不搭。除了穿衣、背包，还有你画画时候的线条以及着色；房间里家具的布局以及家具和窗帘的颜色，这些都在无时无刻地考验着你的审美。

Super，你上幼儿园时的粉色书包很漂亮，符合大众的审美。可是等你上了小学，发了校服……很可能你的校服和粉书包是不搭的，这就叫不符合审美。"

Super："那怎么办？"

Soldier："来求求你老爸，我给你买个新的！"

Super 过去给了 Soldier 一个大大的拥抱，然后喊了一句："搞定！"

Soldier 接着说道："什么是德智体美劳中的'美'，就是通过学习，提升一个人发现美和创造美的能力！我相信你会具备的！"

Super 比了一个"OK"的手势说："没问题！"

Soldier："最后再来说说'劳'是什么？"

Super 唱了一句："爱学习，爱劳动，长大要为人民立功劳！"

Soldier："可以，不过劳动不只是爱劳动，还得会劳动！就拿扫地来讲，你喜欢扫地，可是总是扫不干净；你喜欢收拾娃娃，可是你收拾完给你妈留下的工作比你不收拾的工作量还要大……所以劳动绝不仅仅是爱劳动，还要会劳动！"

Soldier："想要做一名优秀合格的小学生，你可要记住这五个字了！"

Super："德，品德的德；智，智慧的智；体，体育的体……"

Soldier："身体的体，对不对？"

Super："嗯，也对！美，审美的美，各方面的美，校服和书包，运动衣和运动鞋！"

Soldier："没错！"

Super："还有最后一个，劳动的劳，不止爱劳动，还要会劳动，不能让老妈老替我收拾玩具，那我太不会劳动了！"

Soldier："Super，怎么样，上小学有意思吗？"

Super："哈哈，太有意思了，我已经迫不及待了！"

孩子不是不明白道理，而是不明白不在同一情绪里的道理。我们讲的把孩子当成人对待，不是把孩子"从行为层面"当作成人一样去要求，而是"从情绪层面"当作成人来互动，这样他不仅可以感受到尊重，最重要的是，他可以获得对方情绪层面传递过来的信息，这便是一个孩子能够"茁壮成长"所需要的"营养"！

在情绪层面没有孩子和成人之分，从情绪获取这个角度来看，大家都是平等的。很多时候我很享受与孩子之间的沟通，因为只要情绪到位，孩子能够获取到的信息超乎你的想象。

本章总结

孩子具备解读情绪语言和人物属性的天赋。我们面对不同属性的对象是用不同情绪来回应的，那么孩子也是如此。想要改变孩子的行为输出，改变我们自身属性以及对待他们的情绪便可实现。从另一个层面来讲，既然孩子具备高效获取情绪信息的特质，那么很多信息的传递，只要情绪到位，每个孩子都可以"听得懂"我们在"说什么"。

第五章

家长需要验证
自我情绪语言的输出

在商场的玩具区域，小羽欣看中了一款娃娃。

"妈妈，妈妈！你感觉这个娃娃怎么样？"

"这种娃娃咱们家有很多啊，这紫头发娃娃有什么好看的，还是家里的粉头发娃娃好看。"

"你就是不想给我买！"

"没有不想买，紫色真的不好看！"

情绪是人与人之间最真实的语言，如果我们不对自我情绪进行验证，便不清楚我们对孩子"说"了什么（向孩子传递了怎样的情绪信息），也就不知道孩子为什么会产生接下来的行为（例如，孩子表达："你就是不想给我买！"）。

Part 1
验证我们的建议

我们经常会给孩子提一些建议：生活的、学习的、与人相处的等等。这些建议是一些真诚的建议，还是我们的内在已经有了答案，只是把答案"包裹"在建议里了呢？

紫头发娃娃与粉头发娃娃

小羽欣看中了一款娃娃，问妈妈这个娃娃感觉怎么样？妈妈给出的回答是："这种娃娃咱们家有很多啊，这紫头发娃娃有什么好看的，我觉得还是家里的粉头发娃娃好看。"

羽欣妈妈在给出答复之前，应当用 Before 式的思维方式进行自我情绪验证，孩子问我建议，我给出这样的建议是因为：

1. 不想让她买，找了一个不买的理由。

2. 客观表达自己的想法，只是建议而已，不会干预孩子的选择。

这里的核心在于羽欣妈妈是否接受"孩子不采纳自己的建议"，依然购买这个紫头发娃娃，如果答案是否定的，那么情绪信息就是 1。也正是因为孩子感受到的情绪信息是 1，所以才有了"你就是不想给我买"那样的反馈，这个反馈与羽欣妈妈的情绪输出相匹配。

那有没有可能羽欣妈妈的内在是想给她买的，但确实是紫色头发娃娃不好看呢？如果真是这样的内在情绪，孩子也会获取，那么孩子的回答便是类似于："可是我觉得紫色头发的娃娃挺好看的。"并且妈妈接下来的回答会类似于 2："我只是个建议，决定权还是在你。"

有没有可能羽欣妈妈的内在是不想给她买的，但为了不让孩子察觉还是"忍痛"购买了！那孩子获取的情绪信息也是"我妈在忍痛购买"——情绪是不会骗人的。父母有怎样的内在情绪，孩子就会获取怎样的信息。

◇◆ 故事 1 ◇◆

小时候家里来客人了，父母便会在客人面前放开一些限制，平时不让孩子们过量吃的东西，在那个时候都会变成"不设限"。这时候孩子们获得的信息就是"爸妈彻底放开限制"了吗？NO！代入一下我们小时候的情绪就会知道，孩子们获得的信息是：爸妈暂时"忍痛"放开。所以孩子们的行为是赶快疯狂地行动起来，因为"特权"是随时会被收回的！

125

　　每一种内在情绪，即便是再微小的变化也会被对方捕获，所以及时验证自我情绪，才能了解我们输出了怎样的信息以及孩子获取了怎样的信息。

◇◆ 故事 2 ◇◆

　　有一对父女周末一起到大栅栏拍照，女孩儿进了一家扇子店，面对琳琅满目的扇子，她很想买一把回家做舞蹈道具。她拿起一把小扇子在面前比划了一下，感觉还不错："老爸，我想买这把扇子，感觉和我的裙子很配，它还可以做我的舞蹈道具。"

老爸："你知道大栅栏是什么地方吗？"

女儿："不知道。"

老爸："大栅栏商业区是北京一处著名景点，它有着几百年的历史。大栅栏景区销售的很多物品不仅属于纪念品，还属于工艺品，当然由于特殊的地理位置以及历史意义，大栅栏景区的物品价格也会比其他地方同等物品的价格要高一些。你可以结合着这些条件再考虑一下。"

女儿："那算了，老爸，一件舞蹈道具而已，我还是从别的地方买吧！"

女孩儿爸爸的表达，是带着怎样的情绪呢？

1. 不想让女儿购买，找了一个不买的理由。

2. 客观表达，增加女儿评判是否购买的依据，而女儿决定购买，父亲也不会阻挠。

从女孩儿的反馈来看，这位父亲输出的情绪信息只是给出了一个客观的建议，而在这样的情绪下，女孩儿也可以客观地看问题，采纳了父亲的建议。如若不是这样，反而会激发孩子的购买欲望。

在与孩子沟通前，进行自我情绪验证是非常必要的，因为无论你认为自己想要传递的是什么，孩子终究会获取最真实的那个情绪信息。

我的孩子没主见

去年有一位妈妈很焦虑地来到我的工作室咨询："田老师，我的儿子永远也没有自己的想法，作为一个男孩子却缺少主见，这可怎么办？"我让她提供一些案例来证明她所认为的儿子没有主见，所以便有了以下的内容。

● 妈妈："可乐、矿泉水，你想喝哪个？"
  儿子："可乐吧。"
  妈妈："可乐喝了对身体不太好吧，碳酸饮料对牙齿也有腐蚀。"
  儿子："那随便吧！"

● 妈妈："你今晚想吃什么？饺子还是米饭？"
  儿子："饺子吧。"
  妈妈："我不是怕包饺子麻烦，只是包饺子会大大推迟吃晚饭的时间。"
  儿子："那随便吧！"

● 妈妈："今年暑假你还要不要报篮球班？"
  儿子："不报了吧，我想好好休息。"
  妈妈："不报也不是不可以，只是你已经学了这么多年了，万一暑假不练习，技术生疏了怎么办？"
  儿子："那随便吧。"

假如作为当事人的妈妈可以验证一下自己的情绪：

1. 在给孩子选择的机会。

2. 自己的内在已经有了答案，询问孩子只是走个过场。

那么作为妈妈便能够很清晰地知道，孩子并不是没有自己的想法，而是从情绪层面捕获到妈妈的建议，都是已经带好了标准答案的，在这种情况下，孩子很无奈，所以回答都是"那随便吧。"

在给孩子建议之前，我们需要先询问一下自己，我给孩子的真的是个建议吗？这里面是否掺杂了我们的个人喜好和个人标准？我的建议允许孩子反驳或者不采纳吗？

只有当我们解读了自我情绪，才能了解我们在孩子面前"说"了什么，我们便不会诧异于你怎么"听"到的是这个？更不会诧异于对方的行为输出了。

优秀作文

讲述者：思楠妈妈

我一直认为儿子具有超强的写作天赋，因为他具备非常强的想象力和逻辑能力。他的文章总能一气呵成，流畅度如行云流水一般。我本身也是一名编辑，平时自然少不了给他看各

种国内外的名著。但我所有的骄傲在一次家长会之后被打破了，我发现我儿子居然没成为年级优秀作文奖的得主。

在回家的路上，我一路都在思考为什么？他对这次的作文题目不感兴趣？还是漫不经心没有认真对待？

回到家，我看到儿子在看小说，就想着他每天在学校、在家里，肯定像看小说一样有很多感受吧，如果每天写一篇小的感想，把这些感受保留下来，也是一笔非常宝贵的财富！

> 刚要对儿子提个建议，我想还是先验证一下自我情绪：
> 1. 为了让孩子保留更多美好的感受。
> 2. 因为我今天在学校觉得没面子了，想变相让他练习写作。

如果答案是前者，那么他几乎每天都看小说，我为什么单单今天有这个想法？哦，天哪！验证结果让我有点崩溃，我一个自认为理性的人怎么也会被情绪绑架？想到这里，我便放弃了对儿子提建议的想法。

我们认为的"为孩子好"与自我的真实情绪之间，由于缺少了"验证机制"，所以常常导致孩子对我们的付出"不领情"，甚至是情绪抵触。

在与人相处的过程中，进行自我情绪验证是非常必要的。我们往往会用思维将自己的行为输出定义为某种或者多种原因，而从信息学的角度来看，行为输出的动因是唯一的。对方不会捕获我们认为的行为动因，只会捕获最真实的情绪信息。

上文中的妈妈认为自己的建议是为了让孩子记录有意义的日常，而孩子捕获到的信息将会是：我妈在学校因为我的作文没有获奖而没面子了。

你有没有听到过某些孩子撕心裂肺地喊着："我不要你为我好！"

他们为什么会有这样的情绪？就是因为他们获取的真实信息是类似于"父母是为了面子如何如何"，而我们做父母的也会非常委屈，因为我们真的认为"都是为孩子好"。

日常生活中，无论是面对孩子，还是自己的爱人、父母、朋友、同事等等，我们要时常进行自我情绪验证，来了解和解读自己真正输出的情绪信息是什么。

Part2
验证我们的陪伴

妈妈不爱我

讲述者：徐女士（二胎妈妈）

姐姐和妹妹相差四岁，在妹妹快要出生的时候，姐姐总是很焦虑，她经常问我："妈妈，有了小妹妹或者小弟弟，你还会不会爱我？"我能体会到姐姐很怕失宠的感觉，所以那时候我就暗暗决定：等妹妹或者弟弟出生后，我一定要加倍对姐姐好，一定不能让姐姐感觉到被冷落。

就这样，妹妹出生了，刚开始的时候，姐姐每次从幼儿园回来都先趴到床头看看妹妹，再去做自己的事情，我呢，信守着我生二胎前对自己的承诺，加倍地陪伴姐姐……

但后来，事情好像没有朝着预期的方向发展，无论是姐姐和妹妹的关系，还是姐姐和我的关系，都在不断地恶化，直到姐姐突然有一天冲着我大喊："妈妈不爱我，妈妈只爱妹妹！"我委屈地掉着眼泪，心想我为你付出了那么多，你居然丝毫不领情！

　　我百思不得其解，现在的结果是如何发展和演变而来的呢？直到我在田老师的工作室，了解到一个叫作"高维视角"的概念。

高维视角：站在更高维度来观察和验证事物的发展以及人物之间的关系。在高维视角下，自己也是被观察和验证的对象。

　　我们试着站在更高的维度来观察徐女士这位妈妈对姐姐的陪伴过程（可以理解为站在画面以外观察事态的发展，有一种观影的感觉）：为了不让姐姐感觉到母爱的缺失，姐姐只要从幼儿园回来，这位妈妈就会陪着她画画、做手工、看动画片……但是妈妈的情绪却完全不在姐姐身上。

　　虽然在陪着姐姐做手工，但她会时不时地往妹妹睡觉的方向瞟几眼，但凡妹妹动一动，她的整个感官便立刻投射在了妹妹身上，恨不得马上起身过去看看。

　　而姐姐冲着她大喊"妈妈不爱我，妈妈只爱妹妹！"的起因是这样的：她正在餐厅陪着姐姐吃饭，姥姥坐在不远处喂妹妹吃辅食，姥姥是个比较心急的人，所以妈妈就生怕姥姥呛着或者烫着妹妹，这时的她便不由自主地把眼睛"长在了"妹妹身上。姐姐发现了妈妈的情绪，便对她说："妈妈，我想吃口鱼，你帮我把鱼刺剔出来好不好？""好的。"她心不在焉地答应了一句，用筷子把红烧鱼身上的花椒、葱段往旁边拨了拨，然后就又盯着妹妹……

　　"妈妈，妈妈，我要吃鱼！"姐姐推了她两下，她才发现她只是用筷子不停地在鱼身上摩擦，但一直都没有把鱼夹起来："对不起，对不起！"她这才回过神儿来，赶快夹了一块鱼放到自己面前的餐盘里，可是她不记得为什么要把鱼放进自己的餐盘，不是姐姐要吃鱼吗？她愣了一下，立刻把没有剔除鱼刺的一块鱼肉放到了姐姐面前的餐盘里，这时姐姐突然哭了出来："妈妈不爱我，妈妈只爱妹妹！"

站在高维视角看着这些画面，像看了一部自己演绎的电影，"影片中"的姐姐为什么会哭泣，妈妈为什么会委屈，在这个视角下看得一清二楚。

很多时候，作为"第一人称"的我们，很难发现自己的思维和行为方式。这时候为了客观验证自己的行为输出，就需要"高维视角"——站在更高的维度来审视和验证"主人公"的行为，以便跳出原有情绪，发现事物更客观的一面。

就徐女士的案例来看，妈妈虽然身体是陪伴在姐姐身边的，但是情绪却是时刻和妹妹在一起的。当妈妈解读到这层信息后，便可以理解为什么姐姐会喊出那样的话，自己也可以从委屈情绪里跳离。最重要的是，站在高维视角下，徐女士可以随时"观看"自己的行为，调整自己与姐姐和妹妹的互动方式，为亲子之间的和睦相处打下良好的基础。

我陪闺女打游戏

讲述者：虎妞爸爸（虎妞，初二）

两个月的时间我一直都在外地出差，回到家就看到虎妞在玩一款枪战类的游戏，我就知道这是我在外地的时候，虎妞妈妈经常跟我提起的，闺女迷恋上了一款游戏，每天放学都要先玩两个小时……我毫不犹豫地下载了同款游戏，之后就和闺女组队开战了。

闺女在游戏里很亢奋，一会儿带着我熟悉地图；一会儿开着车向我展示车技；一会儿看到对手又在教我如何开枪，如何杀敌……她开心极了，不停地喊着："上阵父子兵，嘿嘿，上阵父子兵！"她拿着手机一会儿靠在我的怀里，一会儿趴在我的背上。我的加入为她注入了满满的能量！

一局过去了，两局过去了，我看时间也过了近一个小时，便说："虎妞，先休息一会儿，我们来总结一下。"虎妞兴奋地看着我说："好的，老爸！"

我说："你知道为什么你的枪打得不准吗？因为你开枪的时候没有把握好提前量。枪是有后坐力的，当你瞄准了目标开枪时，往往弹着点就会靠上了；还有在驾车行驶的过程中，由于你是运动的，所以也不能瞄着目标开枪。精准射击靠的是什么，是计算，精准的计算，那么精准的计算需要什么？需要数学。所以你看看想把游戏玩好，是不是好好学习很重要啊。那你好好学习吗？你今天功课做了吗？"

说着我就把书包递给她，然后把学习桌前的椅子拉了出来……虎妞开始写作业了，我走出虎妞房间向我爱人投递出一个炫耀的眼神，潜台词是："你两个月没搞定的事情，看我轻松搞定了吧！"

到了第二天，虎妞拒绝我陪她打游戏，也拒绝我在旁边观战，还拒绝跟我进行其他方面的交流……我感觉我们父女俩的关系变得有点尴尬了。

> 　　虎妞爸爸就当前的状况咨询了他的一个同学（一位正在我工作室学习的妈妈），她建议虎妞爸爸就"陪孩子玩游戏"这件事情，用 Before 式的思维方式进行一下自我情绪的验证：我为什么要陪虎妞玩游戏呢？
>
> 　　1. 为了让孩子开心，享受难得的亲子时光。
>
> 　　2. 陪孩子玩儿只是一个由头，真正的目的是让孩子放下游戏去学习。

　　虎妞爸爸："我深深体会了一下，如果只是让我单纯地陪孩子玩游戏，我是坐不住的，我不接受她玩游戏，更不接受我还要陪她一起玩儿，但是如果把玩游戏作为'药引子'来向她传递学习的重要性，我是很舒服的。但是我也发现了，虎妞发现了我最真实的'动机'。所以她不愿意让我在她身边，甚至看她玩儿都不行。"

　　"我想明白这个事情的时候很痛苦，孩子知道我想干什么，而自己呢？还得意地认为自己是个获胜者！"

　　那位妈妈还建议虎妞爸爸去找虎妞真诚地表达出自己的想法。结果事情发生了反转。

> 　　虎妞爸爸："闺女，我跟你说个事儿。"说着虎妞爸爸就开始挠自己的脑袋："哎呀，我这还有点儿不好意思。其实我内心不太接受你玩游戏的……"
>
> 　　虎妞："我知道，你那天刚回来陪我玩游戏的时候我就知道。"

虎妞爸爸："啊？我以为我成功引导你了呢！"

虎妞："从小到大，这是你的惯用方式了，哪次成功了？！"

虎妞爸爸笑了："也是，也是。"他不禁感慨孩子真的是长大了！

虎妞："老爸！不过，你能陪我一起玩儿，我真的很高兴，真的！"说着虎妞的眼睛有点湿润……"这够我在班里吹牛吹好久的！我老爸回来就陪我一起玩游戏了！"听到这儿，虎妞爸爸的眼眶也有点湿润了。

虎妞接着说："你的心情我也能理解。刚开始玩这款游戏的时候我确实有点着迷，但现在已经没有太多热度了。我答应你，以后只是偶尔玩儿一下，每次都不会超过一小时。"

虎妞爸爸笑了："唉，你看我这真是的，早就暴露了，还在继续潜伏呢！"虎妞听到这句，哈哈大笑起来，她理解了老爸的良苦用心，而虎妞的老爸呢，也卸下了心里的石头。

真实的情绪信息只有一个，无论你用思维赋予它怎样的定义，被对方捕获到的，都会是最本真的那一个。真诚是最好的沟通方式，哪怕沟通起来有点尴尬和痛苦，但都远比被层层包裹着的目的要让人舒服得多，让陪伴变得简单一点！

Part3
验证我们的教育

教孩子讲礼貌

毛毛同妈妈一起到妈妈的同事林静家做客，林静家里有很多毛绒玩具，毛毛一进门就看到一只超大的抱抱熊……

林静："毛毛，你不知道抱着这只熊睡觉有多舒服！"

毛毛："阿姨，这到底是人抱熊还是熊抱人啊！"

林静："哈哈，有道理，其实在你抱熊的时候，熊也把你拥入怀里了。温暖，安全，宁静，绝对能让你做个好梦！"

"哇！"毛毛羡慕极了，"这也太棒了吧！"

林静："这是我送你的礼物，愿你每天做个好梦！"

毛毛："阿姨，我太爱你啦！"说完，毛毛就给了林静一个大大的拥抱，之后她就把自己扔到大熊的怀抱里去了！

一切都是那么美好，夜晚，晚餐，还有可爱的抱抱熊。

到了告别的时间，毛毛换好鞋和自己的抱抱熊一起先出了门，妈妈在后面和林静告别，刚要离开，妈妈突然把毛毛叫

住："毛毛，你是不是忘记说什么了？"

毛毛抱着大熊笨拙地扭了个身，疑惑地看着妈妈。

妈妈看了一眼大熊，紧接着又冲毛毛使了个眼色，说："想起来没有？"

毛毛一下子明白了妈妈的意图，但是由于紧张一下子又想不到要说什么，很尴尬地站在那儿，这时候妈妈走上前往回拉了毛毛几步："阿姨送你那么大个熊，你快说谢谢啊！"毛毛一下子尴尬得满脸通红。

"好了，快别难为孩子了，你这样让我都尴尬了。"林静也很不好意思地说。没想到这样一个美好的夜晚，竟是以这样的方式画上了句号。

毛毛的母亲在对毛毛提要求的时候，应该先进行自我情绪的验证：我为什么要让孩子说谢谢呢？

1. 在教孩子讲礼貌。

2. 自己面对好友的馈赠不好意思了，进而把这种不好意思转化成了对孩子的要求。

答案是什么，我想还是比较明朗的。如果毛毛的母亲能够及时地进行自我情绪的验证，那么那晚的结局就会不一样了。

很多父母都会要求孩子讲礼貌，因为这是素质和涵养的体现。那究竟什么是讲礼貌呢？讲礼貌属于感知层面的内容，是在人与人相处的过程中，传递给对方一种美好的内在感觉。

就拿打招呼来讲，身边环境中不乏"机械式"的问好模式，你会觉得美好吗？如果没有"你好"这样的话语，但是对方给了你一个充满善意的微笑，你会觉得不美好吗？所以讲礼貌是一种内在的感觉和感受。

毛毛在接受馈赠的时候，给了林静一个大大的拥抱，你不觉得美好，不觉得温暖吗？还是你会喜欢一句"机械式"的"谢谢阿姨"呢？

讲礼貌的核心在于，一个人是不是把美好的情绪传递给了对方，和表象说了什么、做了什么没有必然的联系。

关于讲礼貌这件事情，换个角度，看得更真切……

你小时候有没有这样的经历，家里来人了，尤其是带着礼物来的，这时候父母往往会喊你："你看谁来了？"哪怕你正在自己的房间做着自己的事情。当你走出房间的时候，你会发现这个人你根本不认识。

这时候往往母亲会说："叫人呀！"你看着年龄差不多就喊了一句："叔叔好"。这时母亲立刻纠正："这孩子怎么这么不懂事儿，这哪里是叔叔，明明是伯伯！"

那时候你会认为母亲在教自己讲礼貌？还是会认为母亲在以这样的方式向对方表达尊重和重视呢？

如果我们不能很好地体会孩子的感受，那么代入我们还是个孩子时的情绪，很多事情瞬间就能懂了。

作为父母的我们有没有考虑过，孩子讲不讲礼貌，很多时候取决于我们。假如：还是类似的事件，你的孩子接受了你朋友的馈赠，忘记说谢谢，转身离开了。这时候你把孩子叫回来，当着朋友的面把她批评了一顿："你这孩子怎么这么不懂事儿，接受了阿姨送的礼物也不说谢谢就走了，该说什么还用我教吗？"这时候即便孩子说了谢谢，你的朋友会怎么看她？

如果我们换另外一种表达呢？"你看这孩子多喜欢你送的礼物，立刻就爱不释手了，她很少这样，完全着迷了，真是谢谢你。"

大家能不能体会到，我们的态度往往决定了其他人对孩子的评价，"讲礼貌"是一类很典型的案例。

Part4
验证我们的放开

作为父母，我们对孩子的某些行为往往是有约束的，但让人奇怪的是，有些约束放开了，我们认为孩子的需求会趋于正常，但没想到的是，孩子的需求却变得更加疯狂。

可乐的疯狂"报复"

讲述者：宏宇爸爸

过年是孩子们最期盼的时刻，一切的束缚都在此刻被解禁了。我儿子非常喜欢喝可乐，过年期间，可乐成了餐桌上的必备品。

家里老人常年住在东北，每逢春节来北京才能见到孙子，所以就经常劝我："孩子想吃什么，想喝什么，你就随他吧，老管着他干什么！"

眼看着春节过去了，天气也渐渐暖和起来，我爸妈往往会在天气暖和之后就回到东北。他们也在时时叮嘱我："你别老管着孩子，男孩儿嘛，不能养得太精细，你看你小的时候，我和你妈也没有对你百般呵护，这不是也长得高高壮壮的。学习啊，吃喝啊，都放开点儿。"

我说："知道了，知道了，你们这么大岁数了，就少操点儿心，以后他想吃什么，想喝什么，我都随他，行了吧？"

我一回头发现宏宇正在听我们谈话，我就又冲着他说了一句："宏宇，你都听到了吧，以后什么学习啊，吃喝啊，都由你自己把控！"说完我又回头对我爸妈说了一句："这下你们满意了吧！"

转眼孩子就开学了，我爸妈也把离京提上了日程，我发现宏宇对可乐的迷恋度直线上升，除了在家里吃饭要喝可乐，早上上学之前他也把保温杯里的水偷偷倒掉，换成了可乐；出去玩儿的时候还把可乐往包里塞了两瓶，甚至床底下的箱子里还藏了两瓶……

当我看到床下还藏了可乐的时候，我一下子绷不住了："宏宇，你过来！我不是当着爷爷奶奶的面答应以后让你放开喝了吗？你为什么还是'变本加厉'地喝呢？你知不知道你这样的行为很不好？！"

然而我的说教并没有任何用处，我发现他早上依旧会把保温杯里的水倒掉，换成可乐。

一个偶然的机会，我听到了关于验证自我情绪的课题，然后我反思了那天的表达"以后什么学习啊，吃喝啊，都由你自己把控"，我说这句话时候的真实情绪是什么？

1. 彻底放开对宏宇的各种限制。

2. 我对宏宇爷爷奶奶建议的一种敷衍。

简单分析了一下，我发现，我的真实情绪其实是对我父母的一种敷衍，而宏宇也获得了这个情绪。他知道我现在是因为爷爷奶奶在北京而暂时不限制他，等他们离开了，我依然会回到以前的状态，我依旧还是之前限制他的那个老爸！想到这些，我突然就明白他为什么最近对"喝可乐"近乎疯狂了，因为爷爷奶奶就要回东北了。

我买了两大箱可乐放在了阳台，宏宇看到后惊呆了！"老爸，老爸，那些都是你买的？！"

"对啊，我买的！"

"你怎么买那么多！"

"哎，这不是我之前做得不太好，让你认为我不想让你喝嘛，爸爸今天向你正式承诺，关于可乐，我们家真的放开了！"

宏宇高呼万岁！

之后有两天的时间他还是依旧往保温杯里灌可乐，但是慢慢地，他发现我在这方面真的没有限制了，所以他的需求也就正常了，只是偶尔吃饭的时候会喝一点儿。他爷爷奶奶回东北之后，他也是这个状态。只是在喝了一箱可乐之后，他发现还剩一箱，就感觉压力太大了，所以剩下的那一箱到目前为止还没有打开。

我们对很多事物的渴求，往往来源于欲望。当我们还是个孩子的时候，你有没有过充满欲望的时刻？

曾经有一位妈妈的分享让我很有感受，她说："我小的时候非常喜欢吃元宵，在南方叫作汤圆。那时候过了正月初五，街上就开始有卖元宵的了，一直会卖到正月十五。那时候，我很喜欢到街上去看元宵的制作过程，看谁家去买了，买了多少。我经常对我妈进行软磨硬泡，让我妈尽可能地多买点儿，我希望我天天都可以吃到元宵，而且感觉总也吃不够！"

"直到很多年后的某一天，我突然发现超市里一年365天都能买到元宵的时候，我反而感觉吃不下了，偶尔买来吃一两个尝下罢了，再也没有小时候那种迷恋和欲望感了。"

"还有我的一个朋友，她和我有相同的'癖好'，只是她喜欢的是月饼。当然现在也不用公布她对月饼是不是那么热衷了，我想大家都能猜测得到答案是什么。"

很多时候由于环境的限制，我们的限制，让孩子对某个事物产生了欲望。欲望是一种疯狂追求的状态，如果用在事业上，体现人生价值上，固然是好的，但如果欲望仅仅是体现在物质上，包括金钱上，不但会让一个人显得不那么高级，而且还会降低他做其他事情的效率。

当然有的家长会认为，我们家孩子不一样，你给他多少都不会满足他的，吃的，喝的，玩的都是如此！真的是这样吗？那我们是如何从原来盼望过年，到现在的也不是那么盼望了呢？又是如何从渴望肉、元宵、月饼这些美食，到现在的不怎么渴望了呢？

每个人的行为都是由情绪促使的。限制会让一个人产生欲望，欲望又会让一个人产生无度的需求。

对于以上案例来讲，宏宇爸爸认为自己放开了对宏宇饮食的限制，但是从情绪层面来讲，并没有真正放开。这种情绪被宏宇捕获后，便造就了他疯狂喝可乐的行为。当宏宇爸爸真正由内而外地放开时，宏宇也捕获到了老爸的这种情绪，所以对可乐就没有那么迷恋和痴狂了。

从高维视角审视自己，验证自己的真实情绪，这样才能深刻意识到孩子获取的是什么信息，以及他为什么会产生接下来的行为。

如果你已经验证了自己的真实情绪，例如，就是不接受孩子喝可乐，那你可以真诚地表达出来，因为无论是怎样"拐弯抹角"的理由，孩子接收到的都是最真实的情绪信息。

关于欲望，我想多说两句，很多事情从好奇到习惯，需要有一个自然而然的过程。好奇心嘛，每个人都有，当好奇的需求被满足时，就变成了一种很正常的态度和需求了。如若一个人对事物的正常需求被限制了，那么这个人对该事物就会产生欲望，在欲望下，一个人的需求就会变得无度。

Part5
验证我们的付出

有一些付出是为了孩子，而有一些付出则是为了满足我们自己的情绪需求……

送 Super 上学

由于我的工作性质，经常会在晚上备课、写材料、研究一些家长或者孩子们的案例等等，所以我常常会睡得非常晚。因为这个原因，我很难在一大早送 Super 上学。

不过，但凡能挤出时间，我就会早早地把车停在楼下，等她冲出来的时候，第一眼就能看到她的"坐骑"！每次她坐在后排都会很兴奋："妈妈可以送我上学啦！"而我也因为可以送她上学而感到非常幸福。

每次把她送到学校门口，她都会伸开双手对我说："老妈，抱一下！"拥抱过后，她就会冲我挥挥手再自己走进校门，看着她欣然地跟老师打招呼，和同学们相互问候，伴随着欢声笑语和清晨的阳光满足地走进教学楼……那一刻的我深深体会到了什么是最真实的幸福。

> 我曾经验证过，我为什么要送 Super 上学：
>
> 1. 孩子从情绪层面非常需要我这么做。
>
> 2. 我从情绪层面需要这么做。

　　Super 从上幼儿园到现在上一年级的四年时间里，一直都是姥姥姥爷两个人一起接送的，我和 Soldier 只是两名"替补队员"。她很享受姥姥姥爷一起送她上学，接她放学。在她的意识里，上学和放学的路上本身就是很好的玩耍与互动的契机。他们经常早早到学校附近一起吃碗馄饨，或者在学校门口的小广场打打篮球，跳跳绳。所以从情绪层面，姥姥姥爷送她上学放学，她本身就是很满足的。如果我和 Soldier 能送她，她固然也很开心，但是在情绪层面，她没有非常需要我和 Soldier 接送的需求。

　　但我知道，我是有这样的情绪需求的，我享受于和她在上学的路上一起听音乐；在学校门口的餐厅看她吃馄饨、小笼包、油条或者是喝杯豆浆；享受于在学校门口陪她跑一跑，看一看一位老爷爷家养的六只猫；享受于她每次都会给我一个温暖的抱抱才会转身走进学校……

　　送 Super 上学，让我满满地感受到当妈的幸福感，陪孩子成长的参与感，还有她开心的笑声带给我的满足感。送 Super 上学对我来讲是很强的能量补给方式，我很感谢她给我带来了这么多美好的早晨。

　　从这个角度来讲，各位家长有没有思考过，"付出"有的时

148

候是我们做父母的个人情绪需求呢?

例如,有一些妈妈经常抱怨:"做早餐太麻烦了,以后直接让爸爸带孩子们出去吃吧!"

结果这些妈妈们一边抱怨着做早餐的辛苦,一边早早地起床去准备丰盛的早餐,并且还要把它们盛放在自己精心选择的餐盘里,然后就像对待刚刚制作完成的工艺品一样,认真地进行摆放、拍照,并且分享在朋友圈,最后还要欣赏爸爸和孩子们的狼吞虎咽。

还有一些妈妈经常抱怨:"爸爸在家里什么都不管,我也打算学习爸爸,不管孩子的功课,好好享清闲!"

结果这些妈妈们一边抱怨辅导孩子的痛苦,一边孜孜不倦地把孩子从"不会"教到"会",从"不懂"带到"懂"!很多时候孩子已经做完作业,离开了学习桌,她们还要再把刚才的解题过程回味一番。有时某些题目勾起了自己的兴趣,还会从网上下载两套高考卷子做一做、翻一翻……

妈妈们的情绪是不是和我送 Super 上学的情绪类似?表象看似是"付出",而实际却是从"付出"中获得了满满的补给。

能客观地看到这一点,不仅有利于我们大大减少在生活中的抱怨情绪,提升我们的幸福指数,而且可以避免我们由于自我情绪需求而对孩子造成的困扰。

我的一个朋友,读高中的时候是美术特长生,她作画的桌子上总是会有一些颜料,画笔也经常是七扭八歪地摆放着。她很喜欢这样,因为凌乱的桌面会带给她很多灵感。而她的母亲非常喜欢收拾房间,房间的整洁会让她心情舒畅。在高中三

> 年的日子里，她总是在为母亲把作画的桌子擦拭得很干净，把凌乱的画笔摆放得很整齐而苦恼："妈，你把桌子收拾成这样，我作画都没感觉了！"她的母亲每每听到这样的表达都很委屈，我的朋友也很无奈。

我们作为父母，在为孩子付出的过程中，获得自我情绪的补给是没有问题的，但关键点在于这类付出要建立在孩子的需求之上。

换句话来讲，我们的付出有没有满足孩子的情绪需求，这是核心。

谁喜欢旅游

> 我有一个上初二的学生，每逢假期，他母亲都会带他出去旅游。假期长就到国外去，假期短就在国内，这位母亲的名言是："孩子读书太累了，有机会就应该带他出来放松放松。"可是我看了一些他母亲朋友圈里分享的照片，照片中这个孩子总是无精打采的样子。
>
> 有一次我问他："为什么照片里的你总是感觉很疲惫呢？"他回答说："哎，我都快睡着了，我妈还在景点疯狂地打卡，我其实并不喜欢出去玩，我只喜欢在家里睡觉！"

带孩子出去旅游，到底是为了满足谁的情绪需求呢？我想，这可能需要验证。

谁喜欢篮球

一个周末，郑涵爸爸带郑涵到小区附近的篮球场打篮球："郑涵，你写了一下午作业，也该放松放松了！来，我教你玩会儿！"

由于这是郑涵第一次打篮球，所以动作非常不协调，步子迈不稳，球也拍不好……而郑涵爸爸上大学的时候就很喜欢打篮球，并且工作了以后也会经常和朋友们玩一场，所以技术是非常不错的。但看到技术拙劣的儿子，他便忍不住大喊："注意节奏！走起来，走起来，运球，运球！"

但是郑涵根本没法带着球行走。

"你这可不行，身体太僵硬，不够放松，篮球是非常有益于放松的一项运动。我教不好你没关系，走！咱们报个篮球班去！"

郑涵听到这句不禁感慨道："你不是带我出来放松的嘛，怎么还放松出个篮球班来……"

一场简单的放松运动，演变出一个课外班来，这是为了满足谁的情绪需求呢？我想，这可能需要验证。

谁喜欢医学

鹏程的爸爸是心脏外科的主任医师，妈妈是妇产科的主任医师，他的姥姥、姥爷退休前也是医生。鹏程从小就由爸爸带着去了解人体构造，了解很多疾病的成因以及情绪对病情的

151

影响等等。

为了培养鹏程对医学的兴趣，爸爸还会带他到当地医科大学的实验室里去参观，会为他分析和讲解自己做过的一些经典手术案例……

即便爸爸为鹏程做了那么多，但鹏程在十八岁高考后填报志愿时，却填报了计算机专业。

在得知这个消息后，这一家子简直炸开了锅，鹏程的爸爸根本不接受他的这个选择，直接放下一句话："复读！明年重新报考医科类的大学！"

通过这个案例，我想到还有另外一种情绪大家应该也不陌生，那就是父母年轻时没有实现的愿望，往往希望孩子可以去实现。例如出国留学，或者学习某个专业，就读于某所大学等等，这其实都是父母的个人情绪需求，在这种情绪下，如果孩子也希望就此方向发展，那自然是皆大欢喜的事情；而如果孩子的情绪不在这个方向上，不但我们的付出孩子很难领情，而且由于父母的期望不是孩子的内在需求，那么便会抑制他们的成长。

拿植物来举例，假设我们的孩子是喜阴植物，可是我们家长的情绪需求是喜阳，这种由个人情绪散发的爱，便会抑制甚至阻碍孩子的成长。

如果讲到抑制或者阻碍孩子成长不好理解的话，那么我举一些感受比较强烈的例子。有的父母很喜欢女孩儿，可是膝下恰恰育有一子，那么他们往往是按照养育女孩儿的方式来养育这个男孩儿，所以这个男孩儿就会出现女性化的特质，反之亦然。

为了孩子的健康成长，我们应该不断进行自我情绪验证，我们的付出和要求到底是为了满足谁的需求？孩子有没有这样的内在需求？还是我们把我们的需求当作了孩子的需求？

在这方面有一句经典话语："有一种冷，叫作你妈认为你冷"，这便是站在自我情绪下的一种很真实的体现。把孩子厚厚地"武装"起来，谁的情绪得到了满足呢？

不要用自我情绪定义孩子的需求，更不要以自我情绪去定义孩子的行为。（见下一章）

本章总结

情绪是人与人之间最真实的语言，如果我们不对自我的情绪输出进行验证，我们便不清楚对对方"说"了什么。这个"说"了什么，在亲子关系中叫作教育，在社会关系中叫作人际。

第六章

不要用自我情绪
定义孩子的行为

体育考试那天，天气很热，刘婷刚到家，妈妈就问她考得怎么样，她说："考得非常好，全部是满分！今天天气太热了，我们班一个男生在我跑完800米的时候，递了一瓶水给我，他简直就是我的'及时雨'！"

妈妈说："学生时代还是要以学习为主，可不能动早恋的念头啊！"

……

从表象上看，我们和孩子好像在讲同一件事情，但由于大家代入的是不同的自我情绪，所以经常谈论的是两件事，或者多件事。

● 奇奇开心地冲向刚下班的爸爸："爸爸，没有困难的工作，只有勇敢的狗狗（动画片里的名言）！没有困难的工作，只有勇敢的奇奇！我是阿奇，我是能帮助很多人的阿奇！"

爸爸说："奇奇，你一天都在看动画片吗？是不是其他的什么都没做？"

● "妈妈，你看！这是我新做的食玩（又可以玩又可以吃的食物）！来尝尝味道怎么样？"

妈妈："你看你手脏兮兮、黏糊糊的，我先带你去洗洗手。"

● "妈，我们班静静失恋了，她情绪很不好，我想让她今晚到咱们家来……"

"你看，中学生谈恋爱是不是耽误学习，妈妈的话是不是应验了！"

从字面上来看，父母和孩子讨论的是一件事，但是由于情绪不在一起，所以和孩子讨论的内容早已不在一个"频道"上了。

父母在与孩子互动的过程中，往往不是代入孩子的情绪去看待眼前的事物，而是下意识地代入了自己看待问题的视角和感受。这是造就在同一件事情上，大家视角不一致的核心。

所以不要用自我情绪（我认为）去代入孩子的感受，更不要用自我情绪（我认为）去定义孩子的行为。

Part 1
父母眼中的"没意思"和"不重要"

这有什么意思？那有什么好玩儿的？

有一天，我在楼上看到 Super 和几个小朋友在楼下围着一棵树站着，她们站在那儿说话，而且说了好久，没有半点要离开的意思。当时我就在想，这总站着有什么意思？最起码做个游戏呀，或者干点儿什么其他的事情吧，就往那儿那么一站，多无聊啊！我还在想她们是不是没有什么游戏项目，如果是的话，我倒可以教她们一些……

我很快回过神儿来，意识到我好像陷入了自我情绪，用"我认为"来评判孩子们在一起是不是有趣，是不是有意思了。就像我们小时候，我们的父母对我们的评判一样……

在我小时候好像也有那么一个时期，女生们也是喜欢围在一起，甚至也是围着一棵树，"八卦"着各种内容：什么谁买了好看的自动铅笔；谁在泡泡糖里拆出了好看的水晶贴；谁好像喜欢他的同桌……

甚至我们可能也会在树下玩儿一个下午，玩儿什么呢？

蹲在地上看蚂蚁搬家，看着蚂蚁们背着比自己大好几倍的东西在洞穴里进进出出……那时候大人们好像也是这么说我们的："那有什么好玩儿的？"我当时就在想："你不知道有多好玩儿！"

还有让大人们觉得更无聊的事情……

小时候有一个很流行的游戏，就是把树叶的叶子去掉，只留叶柄，然后小朋友们手持叶柄两端和对方的叶柄像"交杯酒"一样交错在一起，各自往自己的方向使力，谁的叶柄能把对方的割断，谁就获胜！那个时候口袋里一般都会装两三根，而且每一根都视为珍宝一般，要是被班里某个同学抢去了，还会咆哮着把它追回来。

那时候如果谁拥有一根"常胜将军"，还会被很多小朋友羡慕和崇拜。当然，那时候父母或者老师也会觉得这个事情没有意义——那有什么好玩儿的？

想到这里，我很庆幸没有过去问她们："你们老在这儿站着干吗，有什么好玩儿的？"我想如果是这样的话，她们的内心也差不多是我小时候的想法吧！

我们往往习惯于用自我情绪去代入孩子的行为，并对孩子的感受作出评判（例如：那有什么意思？），这是我们感受不到孩子真实情绪的核心原因。

如果用自我情绪来看待孩子的行为，便体会不到孩子在地板上爬来爬去的乐趣；也不能解读孩子雨后跳泥坑的兴奋；更不能理解一伙孩子跑来跑去的酣畅淋漓……

如果用自我情绪来看待孩子的行为，很多时候都不是有没有意思的问题，而是匪夷所思。

孩子们在小区里相互"追来追去"，这个游戏没有规则也没有游戏时长；两个孩子相互盯着彼此，谁先笑谁就输了；几个孩子同时长吸一口气后，鼓着圆圆的腮帮互相看着彼此，谁先呼吸谁就输了……

这样"没有意思"的场景是否也勾起了你儿时的回忆？

从午后就跑到河边捞鱼去了，一直到傍晚才肯回家，而"战利品"却是几只透明的小鱼小虾；小朋友们特别喜欢结伴到山里摘酸枣，即便摘到的酸枣肉薄得几乎只是枣皮，大家也觉得"不虚此行"，收获满满；小时候放学后，还喜欢拿上自制的带钩子的竹竿到柿子树下"打"柿子，很多时候还会为某个大柿子是谁先看到的而发生强烈的争执……

不要用成人的视角看待孩子，把自己代入到我们是孩子的时候，体会他们的行为，体会他们的快乐，当然有时候也需要体会他们的无助。

老爸，那是我的米奇

2016 年，Super 两岁，她和姥姥姥爷刚从距离北京三百多公里的 S 市回到北京的家里，就一下子扑进 Soldier 怀里：

"老爸，那是我的米奇，那真的是我的米奇！"说着说着，就委屈地哭了。

通过 Super 的表达，我对事情的始末大概有了一个了解。我带着我的猜测去找 Super 姥爷验证，结果和我想象得差不多。

在 S 市，姥爷把 Super 的米奇送给了亲戚家的一个小朋友，当 Super 发现她的米奇在别的小朋友手里时，姥爷把 Super 抱开了，还告诉她："Super，你看错了！"

我问 Super 姥爷："爸，你为什么要把 Super 的米奇送人？"

Super 姥爷："她有太多玩具，根本玩不过来，也不缺这么一个啊。"

我："这不是缺不缺的问题，而是我们没有权利把她的东西送人！"

Super 姥爷："她还那么小，能懂什么？"

我："她再不懂，也知道那是她的米奇，也知道自己的姥爷瞒着自己把玩具送给了别人！"我看我父亲有些触动，就接着表达："爸，这么多年，有几本字典你一直都视为珍宝，那就是你上学时候用的新华字典、成语字典，还有英语字典等等，如果我以你现在也用不上为由而把它们送人，你有什么感受？你不觉得委屈吗？"

我父亲一下子有些感受了，所以他不再说什么。

到了晚上，我和 Soldier 还在想白天的这件事情，Soldier 的神情很难过："我从部队回来的时候（Soldier 是一个部队情结非常重的人），带了很多谱子和我在部队听的磁带，每一份谱子的每一个音符都是我用手一点点抄写的，我所有带回来的磁带都是伴随了我整个军旅生涯的……有一天，因为我不在家，它们都被家里人卖到废品回收站了，卖了五块钱……当时

161

我拼了命地跑到回收站去翻找，最终一无所获！你能理解我的那种痛苦和委屈吗？"

"我能理解，特别能理解！"

"Super 比我还要可怜，她更委屈，因为她看到了那就是她的米奇，但是由于她太小了，她无能为力！我这个当爸的，不可能让她在这个年纪受到这种情绪的影响，不能让她在这样一个年纪就认为没有人可以保护她，没有人可以被她信赖，

所以我决定了，明天一早我就买个更好的米奇，然后开车到 S 市送给那个孩子，把 Super 的米奇换回来！"

当我父亲得知 Soldier 要开车去把 Super 的米奇换回来时，他非常强烈地感受到一位父亲为了保护自己女儿内在健康的强大决心！

我父亲没想到这样一件"小事儿"会引发我和 Soldier 这么强烈的反应，他打电话给那个小朋友的父母，对方这才明白发生了什么，也非常理解我们一家人的情绪，特别爽快地答应了把米奇寄回来。

两天后，Super 的米奇已经被快递到了北京，她打开包裹，拿出米奇，仔细打量了一番："老爸！老爸！这就是我的米奇，这就是我的米奇！"说着就抱着米奇蹦到了 Soldier 的怀里。

我想，很多人小时候都会有 Super 这样的经历吧！自己珍藏的玩具被送人了；自己骑过的自行车被送人了；自己看过的小说被送人了……理由是：反正你也不玩儿；反正你也不骑；反正你也不看……而那时候我们的内心恐怕就一句台词："玩不玩，骑不骑，看不看，那也是我的！"

很多我们小时候受过的委屈，等我们长大了，成为父母了，往往也就忘了。用自我情绪代替孩子的感受来对事物进行评判，这是造成家长和孩子之间矛盾的核心原因。

希望我的这本书可以唤醒很多父母小时候的记忆，你在还是孩子时，想要的呵护与保护，你的孩子可能也正在期待着……

Part2
"你的认为"不是孩子的真实情绪

气球炸了

　　大概在我五六岁的时候，我爸刚买了辆摩托车，他便带着我和我妈十分开心地到市里去逛了一圈儿。

　　那好像是我人生中第一次见到氢气球，以前的气球都是充满了空气，乖乖地趴在地上。但氢气球完全不一样，它内在力量很"强悍"地飘浮在了空中！哇！我兴奋极了，我爸很欣然地给我买了一个，我妈帮我把栓气球的绳子系在我手腕上。即便是这样我也不放心，还要用手死死地抓住绳子，就怕它在我的一个不经意间飞向天空了。

　　当时是冬天，在我爸骑着摩托载着我们回家的路上，我目不转睛地盯着飘在半空中的气球，时不时地叮嘱我爸说："爸爸，你开慢点儿，开慢点儿，别让我的气球飞了！"不仅如此，我还要时不时地再把手里的绳子攥得更紧一些。

　　马上就要到家了，我开始幻想各种画面：我的气球会飘在房顶上吧；气球的下面系个东西，它应该也会被气球带上天吧；如果有很多的气球，我会不会也被带上天……

终于到家了，我站在门口虽然迫不及待地轻跺着双脚，但依然等着我妈用钥匙开门，门被打开的那一刻，我笑出了声，然后突然又哭了——房间里的热空气与外面的冷空气对流，我的气球瞬间就炸了！

我委屈地放声大哭，眼泪不停地往下掉，感觉全身上下的每一个细胞都非常悲伤，眼泪恨不得通过每一个毛孔往外淌……我妈也不知道如何安慰我，只是小声地对我爸说："孩子攥了一路，还没玩儿呢……"

这一幕，到现在我还记忆得非常深刻，那一瞬，距现在已经30年了……

2018年年初，我们的北校区有拍摄活动，现场有很多被氦气充满的气球，我选择了一个很大很漂亮的拿给了Super，当时她四岁。Super非常喜欢，不停地喊着："它应该是可以飞上天的！它应该是可以飞上天的！"

我要开车从北校区回中心校区，大概有二十公里的距离，所以我就把气球放进了后备箱。这一路上，Super坐在后座上不停地问我什么时候到？我一遍遍地向她报着时间："还有二十分钟"，"还有十分钟"……"太好了，一会儿下车，我就可以玩气球了！"

终于到了目的地，她和我一起走到车厢尾部，我们非常隆重地轻触了后备箱的开启键，计划着后备箱开启到一半就按下暂停键，以免它飞走，结果还没开启到一半就由于冷热空气对流，气球瞬间炸了！

当时我的心咯噔了一下，眼泪已经在我眼眶里打转了，我真的不知道该如何安慰 Super，她可是期盼了一路啊！正在我纠结的时候，Super 突然咯咯咯地笑了："老妈，原来气球真的可以当鞭炮放，下次我们可以玩一个踩气球、放鞭炮的游戏！"

我愣了一下，之后又瞬间清醒！我小时候的成长环境不是她现在的成长环境；我小时候对玩具的渴望也不是她现在对玩具的渴望；我小时候的那个被炸掉的气球承载了我对太多美好的渴望，可对于她而言气球只是她众多美好感受中的一种……

接下来，我把"气球的故事"面对面分享给了身边的几位老师，当我讲到气球炸了的时候，刘老师说："Super 是不是吓着了？气球爆炸的声音是非常刺耳的！"邓老师说："田老师，你让 Super 别伤心，下次我去北校区的时候，再帮她带回来一个！"

听了大家的表述，我瞬间认识到：原来每个人都是用自我情绪来看待"气球爆炸"这件事的，在大家的"我认为"里是没有"气球炸掉是像放鞭炮一样好玩儿"的认识的。这让我深刻感受到，我们是下意识地用自己在某件事情中的情绪替代了孩子的真实情绪，并且还天真地认为"没错，那就是孩子的感觉！"

类似这样的事情还有很多……

承载着美好回忆的铁皮青蛙

讲述者：苏睿妈妈

我带着六岁的苏睿在小区门口的地摊上发现了一只绿色的铁皮青蛙："哇，铁皮青蛙！苏睿你知道吗？这是妈妈小时候最喜欢玩的玩具，你知道这个怎么玩吗？"说着我就拿起青蛙，拧了几下发条，然后把青蛙放在地上："苏睿你看！苏睿你看！它跳了，它跳了！"

我看着眼前蹦蹦跳跳的铁皮青蛙，脑海里充满了儿时幸福的回忆！

我激动地问苏睿："怎么样苏睿，好玩吧！我们买一只回家如何？"

苏睿面无表情地说："还是算了吧妈妈，我不觉得这只青蛙有什么好玩儿的地方。"

听到这句话，我瞬间明白了，也是，这些都是我小时候喜欢的玩具，现在这些"10后"的孩子习惯了电动、电脑、手机，肯定对这些玩具没感觉、没兴趣啊！

"那算了，咱们回家吧！"我放下铁皮青蛙，便带着孩子回家了。不一会儿，我爱人下班回来了，他一进门就冲着苏睿兴奋地大喊："苏睿，老爸给你买了一个特别好玩的玩具！"

苏睿从房间冲到门口，看到老爸异常亢奋地举着一只绿色的铁皮青蛙！

听苏睿妈妈表述这件事情的时候，我首先是笑出声了，其次是感慨，用自我情绪代入孩子的情绪真的是一种下意识！我认为孩子喜欢这个玩具；我认为孩子喜欢这款美食；我认为孩子喜欢这件衣服……

我认为他喜欢，我认为他不喜欢……只要是在"我认为"的情绪里，就不可能了解孩子的真实情绪。

父母的担忧与骄傲

◆◆ 故事 1 ◆◆

李莹考上了当地的重点高中，虽然是刚过分数线，但也让父母喜出望外。可喜悦之后，妈妈开始满心地担忧。考上重点高中是好，但李莹瞬间就成了成绩垫底的学生。孩子在那样一个好的学校里，心理压力该有多大呀，如果由于心理压力大，反而成绩更差了呢！成绩差还是小事，不会产生什么心理问题吧……李莹妈妈在孩子开学前焦虑得不得了，担心孩子在这样一个环境中自卑了怎么办。她开始和孩子的爸爸商量，要不还是让孩子转到普通高中上学吧，别让环境的压力再把孩子压垮了！

谁知，开学第一天，李莹就和班里的同学打成了一片，她的自我介绍是这样的："大家好，我是李莹，我是咱们这个班成绩垫底的学生，希望大家在今后的日子里多多帮助我这个'老末儿'，当然你们也要多多'提防'我这个'老末儿'，万一我逆袭了呢？！"李莹发言结束，大家哄堂大笑，由于她的幽默，让她十分受大家的欢迎！

李莹的父母担心李莹无法适应重点高中这个新的环境，因为他们认为孩子在这个环境中会感受到很大的压力，然而从实际情况来看，李莹并没有这样的情绪。

　故事 2 ◆◆

　　张鑫，中考成绩一般，但由于父母的关系，他就读于当地一所重点高中。父母因为孩子在重点中学读书而非常骄傲，张鑫的爸爸经常说："儿子，你爸十几岁的时候就想在你现在的高中读书，可是成绩很不争气，也没有你这么好的机会。想想当年我要是能有你这么好的学习环境，我做梦都能笑醒！"

　　张鑫的妈妈也经常说："儿子，你现在读书的学校多让人羡慕啊，你可得好好珍惜，珍惜这大好的环境啊！"

　　但张鑫却一直是郁郁寡欢的状态："我其实很想在一所普通高中读书，在现在的学校里，我每天都感觉透不过气，好像有一块大大的石头堵在胸口。"

　　张鑫的父母认为孩子进了重点中学，这对于孩子而言是很好的环境，不错的机会，可是这个环境带给张鑫的却是很压抑的感觉。

　　孩子的真实情绪不能用"我认为"来代入，我们应该抛开自我情绪，再去体会孩子在新环境下的真实状态。

　　有很多家长问我："田老师，这是不是我们不具备换角度考虑问题的能力呢？"

　　我们需要弄清楚的是，人与人之间的"换角度"需要具备什么条件？如果换角度很容易的话，就不会出现很多夫妻以及亲子间的争执了，更不存在类似于："你能不能换到我的角度考虑问题？"的问法。

　　人与人之间换角度的前提是，要代入对方的真实情绪来看待身边的人和事，而不是站在对方的角度，用自我情绪和思维方式把事件代入了一遍。在亲子关系中，认为孩子做的事情没有意义，就是没有代入孩子情绪的一个典型写照；而在夫妻关系中，认为对方不理解和不体谅自己，也是如此。所以，真正的换角度是感受到对方真实情绪下的一种自然状态。

● 有一位母亲，经常抱怨自己的女儿钢琴学得慢。有一次，她亲身体验了钢琴学习的过程，发现节奏的把控以及肢体的配合还是很有难度的，从此就不再抱怨女儿，反而是悉心陪伴，这种换角度的前提是切实感受到了学钢琴的不易。

● 有一位妈妈，经常抱怨自己的老公："每天就知道忙忙忙，家务也不分担，老婆孩子你也不管！"直到有一次，她老公的公司特别忙，她也过去帮着处理一些事务，所有工作结束已经到了第二天的凌晨三点，可她老公前一天的午饭还没吃。在她老公开车带她回家的路上，她泣不成声："老公，老公……以后你就把家交给我，我再也不抱怨你不顾家了，你可得照顾好自己啊！"她老公看着理解了自己的老婆，宠溺地摸了摸她的脸庞。

代入对方的情绪，我们才能感受到对方的内心世界。而代入对方情绪的障碍，来自用个人视角、个人标准以及个人经验来看问题。

几十个小时的疯狂

2020 年 3 月 17 日上午，Super 告诉我《冰雪奇缘 2》可以在线观看了，我瞬间领会到她的意图，之后便很自然地帮她解锁了——付费一次，可以观看 48 小时。没想到这简单的解锁带给我的却是非常深刻的反思……

从影片解锁的那一刻起，她就从头到尾观看，一遍又一遍地看，吃饭也看，玩玩具也看，晚上也不睡觉，一边看一边拿着自己的艾莎娃娃和安娜娃娃在那里摆弄，困了就睡一会儿，醒了就接着看……

她舅舅非常不理解她为什么总是反复看一个电影，所以就挡在她面前："Super，你老看一个电影有什么意思，我这儿有个特好玩儿的，推荐给你看看？"

"不用了，我就看这个。舅舅，你别挡着我！"

舅舅类似以上的操作还有很多，但都宣告失败，Super 近乎疯狂地观看，让我也有点儿耐不住了。虽说是疫情防控期间不用上幼儿园，但是天天看电视也还是让人挺别扭的，关键是大半夜自己在床上又是唱又是跳的，特别闹腾。

就这样，48 小时的观看时限到了，时间也到了 19 日上午，Super 说："舅舅，帮我充个值呗，我还要看！"我弟弟看着我，我也很纠结，最终还是压抑着情绪给她续费充值了。

但是我的抱怨情绪也产生了。

我："Soldier，你女儿就一直这样下去吗？大半夜不睡觉，还又唱又跳的！"

Soldier："唱呗，她又没有影响别人，人家在自己房间里唱，又没有影响你休息。再说，唱唱挺好，音会越来越准的。"

当 Soldier 不理会我的抱怨时，我下午的工作都有点儿受影响了，我很难静下心来，总是在想：这个孩子是要干吗？不干别的，就一直看一部电影，她到底是怎么想的？

到了晚上九点多，我们大家吃完晚饭。Super 说："老爸老妈，你们今晚还有工作吗？"我看了 Soldier 一眼，然后转向 Super 说："今晚没有工作，你有什么安排吗？"

"我有！我要为你们表演一个节目！你们等一下！"她很兴奋地往沙发上摆放了各种玩偶：艾莎、安娜、雪宝、克斯托夫、斯特……（《冰雪奇缘 2》中的各种角色）

她准备好道具之后，就开始播放影片《冰雪奇缘 2》，最开始我们还不知道她要做什么，后来才渐渐明白，她要一个人呈现每一个角色的表演，包括台词、动作和歌唱！

她能惟妙惟肖地把每一个角色的特点表演出来，并且每一个人物的台词她几乎都背过了，这里面很不可思议的是，她其实并不认字，那些台词是靠她一遍遍地听才背会的。

中间有一段剧情：北地人在一起用不同声部哼唱出一段非常好听的旋律，并且他们还拿起木棒捶击地面，形成了非常鲜明的节奏。Super 不但把影片中那段旋律哼唱得八九不离十，而且她自己也拿着根棒子捶击出了一模一样的节奏。

不同的角色，不同的声音，不同的属性，不同的歌唱，不同的节奏，她一个人跑来跑去，一会儿模仿这个，一会儿模仿那个……表演了一个多小时，头发、衣服都湿透了。

我和她爸爸既兴奋又骄傲又心疼，Soldier 一把把她抱在怀里："Super，你是无形记住的，还是你一直有意在记，有意在背。"

Super："我一直在记，一直在背。"

Soldier："你是怎么想到要把它都背下来的？"

Super："我觉得这个很好玩儿，所以就想背一背。还有其实我本来的意思不是想用娃娃的，我想带个它们的头套（主角造型的饰品），可是，可是我并没有（这些道具）。"

Soldier："这些道具，我可以支持你，我可以支持你做得更好！"

Super立刻从Soldier身上跳下来兴奋地喊："谢谢老爸！"我当时不知道为什么，很想哭，眼泪一直在眼眶里打转儿。

深夜，一个人的演出结束了，Super结束了几十个小时的疯狂，她睡得很香，我反而睡不着了。事实上，我一夜都没有睡。我很自责，在这个事情上我陷入了个人情绪和个人视角下的评判。

"Soldier，我感觉再多一天我就会出面干预了，因为我已经觉得她在胡闹了。"

"她做事情肯定有她的道理，每个人都是如此。"

"我差点儿错误解读了Super的意图。"

"这还不是最糟的，假如你在制止Super胡闹的时候，她告诉你，她没有在胡闹，她只是因为喜欢所以想背下来所有的台词，你信吗？"

"我不信！"

"你是不是就更加坚定地认为她在胡闹？"

"是的，我会更加坚信她在胡闹。"

"那么，你会如何说？"

"我会说，好，那你背给我听听！"

"但在这种情绪下，她还会背吗？"

"不会背！如果是我，我也不会背！因为我感受到对方在质疑我。"

"因为她没有背，所以这个事情没有结果，那么你一辈子都会认为这件事上她在胡闹！"

"是的，孩子一辈子的委屈就造就了。"

"她会把对这件事情的认识影射到她未来人生中的其他事情当中去，还会把你让她在这件事情中产生的委屈记一辈子，并且影射到未来与你相关的其他事情当中去。还有一种可能性，就是在你的这种不信任下，她滋生了一种想要证明给你看的情绪，但是，为了证明自己和由内而外地想做好一件事是同一种属性吗？"

"当然不是，为了证明给别人看，为了赌气而产生的行为，在情绪和心理层面已经是超负荷了，这时候的人往往很难接受丁点的负情绪，所以在无法证明自己的挫折和失败面前就会直接被击溃了……"作为一位母亲，我没办法再思考下去了。

在生活当中，很多被父母认为是小事的事情，实际上对孩子而言，往往是天大的事。而这些事情对孩子造成的伤害，很有可能需要他们用很长时间来疗愈。

放下自我情绪，自我的评判标准，代入孩子的真实情绪来看待事物，那时你看到的才是孩子眼中的真实世界。

由于在很多事件当中，我们没有融入孩子的情绪，所以对"同一事件"的记忆是不同的，甚至大人们往往会丢失了那部分对孩子很重要的记忆。

Part3
不同的情绪＝不同的记忆

● 你小时候喜不喜欢在游乐场玩儿？你在游乐场玩耍的时候是怎样的情绪呢？蹦床上蹦上一两个小时，碰碰车开上两三回，一个滑滑梯可以往复滑上十几次……那陪伴我们的父母呢？他们会是怎样的情绪？他们会如何记忆在游乐场里的那些事情呢？

● 你早上刚换的新衣服，下午放学时已经脏了，你站在家门口不敢进去，焦虑、纠结、胆怯……做足了心理准备推开了家门，可老妈看到你的脏衣服，二话不说就开始一顿指责……你母亲事后会如何记忆这件事情？你又会如何记忆这件事情呢？

● 你通过最近一段时间的努力，数学成绩终于考了 72 分，这已经远远超出了你预想的及格分数！当你满怀着激动和兴奋的心情把试卷交给妈妈时，她却说："哎，什么时候才能像邻居家那孩子一样,学习不用人操心,门门都考90多分、100分呀……"

多年后，她会如何回忆这件事情？你又会如何表达呢？

● 放学回到家，你看到妈妈疲惫地倚在沙发上，一只手轻揉着太阳穴，仿佛心事重重。你想端一杯水给她喝，但却不小心碰翻了茶杯，看着一地的玻璃碎片，她怒吼道："你怎么回事？什么时候才能让我省点心？"再提起这段往事时，你和妈妈的情绪会是相同的吗？

不同的情绪等于不同的记忆，不同的记忆等于不同的世界。你有没有这样的感觉，小时候跟自己父母一起经历的很多事情，你和父母的记忆是截然不同的……

你忘记的，是我最难忘记的

◇◆ 故事 1 ◇◆

陈菁已经上大一了，有一天她和妈妈聊起了自己小时候的事情，不知不觉间，她提到一件妈妈让她最委屈的事，可是通过妈妈茫然的表情，她发现妈妈根本不记得有这么一件事情了，陈菁的情绪突然变得焦躁起来……

"妈，你真的不记得了吗？你怎么能不记得呢？"顷刻间，陈菁已经抑制不住自己的眼泪，任其流淌了。

陈菁妈看到陈菁激动的样子，突然有点紧张："我真的想不起来……想不起还有这么一件事。"

陈菁站起身，把脸仰起来，她想抑制住自己不听话的眼泪。她来回踱了几步又坐回到妈妈面前，用手擦了一把眼泪："我上五年级的时候，班里电灯的开关坏了，由于我的座位离开关很近，同学们就起哄说是我弄坏的！后来，老师也过来问是不是我。我说不是！同学们依旧在起哄，老师也没办法判断，就让我回家叫家长！"

"我回到家跟你说事情的起因经过，你好像都不太在意。但当你听到我说老师让你去学校一趟的时候，你二话不说，拉着我就往学校方向走，让我去向老师承认错误，我一边哭一边求你相信我，相信我什么都没做！可是你不管不顾，头也不回地拉着我不停地向前走！"

陈菁忍了一下，极力在稳定自己的情绪："我求了你一路，我恳求你、哀求你相信我！相信你的女儿！可是你却像听不见一样，你完全忽略了那个无助的我！"

陈菁妈妈好像有点儿印象了："我好像记起有这么件事情了，老师一让你叫我去学校，我就认为你肯定是闯祸了，那时候别的也不会多想，就想着你别惹老师生气！"

陈菁："可是你让我当着老师的面承认错误，你知道我当时有多尴尬、多委屈吗？连我亲妈都不相信我，我还能让谁相信？所以我就赌气承认了！"

"没想到，同学们本来是起我的哄，当我承认之后，同学们开始有些惊诧，他们没想到我居然是这样的人！到后来就开始远离我，不理我了。我想解释，但是又不知道向谁解释！我想辩驳，可是我不知道该如何辩驳！你知不知道因为这件事情，我很长时间在班里都没有朋友！那时候我有多孤单，你知道吗？"说完，陈菁就开始放声大哭了，陈菁妈妈看着痛哭的女儿，既心疼又无助，因为她真的不记得当时具体发生了什么，也不知道自己当年的行为给陈菁造成了这么大的伤害！

　　在同一事件中，由于参与者的视角不同，所以产生了不同的情绪，当然在不同情绪下记忆就不相同。和孩子共同经历的每一件事，只有在同一情绪里，才能设身处地地感受到孩子在想什么，孩子需要什么。

◇◆ 故事 2 ◇◆

讲述者：刘老师

　　在四岁的时候，母亲又为她生了个弟弟，她的整个童年，百分之九十以上的不快乐都和自己的弟弟有关，包括她的思维方式也由于他的出生发生了重大的改变。就在前些日子，她问她母亲："妈，我小时候天天和我弟弟闹矛盾，你肯定很烦躁吧？"

　　"啊？没有吧，你们两个小时候相处得还是很和睦的，只是偶尔闹个小别扭而已啊！"

　　电话挂了之后，她对我说了一句话："我和我弟弟之间的较量和不愉快，几乎充斥了我的整个童年，但我感受到，在我妈那里只是我童年生活的百分之一，甚至都不及。"

　　关于孩子和家长的不同记忆，我的朋友迪兰跟我讲过一件她压在心底很多年都不愿提起可又无法忘记的事情。

◇◆ 故事 3 ◇◆

讲述者：迪兰

　　那一年我马上就上六年级了，正在放暑假，每天早上我都会遛一条我从小养到大的黑背犬，因为它矫健又活泼，所以我给它起名为鹿鹿，寓意是一条像小鹿一样小狗！那时候大家都住平房，小狗也基本上都是在街道上溜达和闲逛，但我的记忆是，无论什么时候我看不到它，只要大喊它的名字，它都会立刻跑到我的面前！

一天清晨，我像往常一样带着它撒欢儿、溜达。可是刚回到家门口，它就开始疯狂地呕吐，拿爪子抓地，用脑袋撞墙，躺在地上翻滚……邻居告诉我，鹿鹿肯定是吃了含有老鼠药的东西，胃里烧得难受，所以才有了这样的表现。从邻居的表情和话语里我读到一种情绪，那就是鹿鹿活不了了。

它折腾了两三个小时，我就在旁边蹲着陪它两三个小时，最后它把舌头耷拉在地上，躺着不动了，眼睛也闭上了。我看它不动了，就赶快从水龙头接了一碗水，倒进它的嘴里，可能是因为凉爽的原因，它打了个冷战，然后缓缓睁开了眼睛。那时候它的眼睛已经深陷了，我心里也知道它不行了，它试图爬起来舔一下我的手，但是努力了几次脑袋都没有办法离开地面。我用我的手摸了摸它的脑袋，不知道还能为它做些什么……

凉爽！它可能需要凉爽的感觉，刚才我往它嘴里倒水的时候，它醒来了，或许凉爽可以让它好起来。

我跑进家门，只有我叔叔一个人在家，我看到叔叔，立刻泣不成声了，我一边抽噎一边表达着："鹿鹿……鹿鹿，它吃了老鼠药很难受！我们需要帮它，叔叔你帮我带它去小河沟里好不好，那里的河水是它需要的。叔叔你帮帮我！帮帮我！求求你了……"我记得我一直在反复说着这几句话，但我叔叔告诉我："它吃了老鼠药就活不了了，你放心，叔叔会再给你买一条小狗的！"从他的情绪里我读取到，天气很热，他觉得像我说的那样做是在白折腾。对于大人而言鹿鹿只是一条狗，可对我而言，它是我非常好的朋友，它承载了我太多美好的回忆。

我自己一个人从邻居家借了一辆手推车，又一个人把鹿鹿抱到手推车上。烈日炎炎的中午，我沿着小路走了二十多分钟，这一路上腿被路边的野草划破了好几个口子，但是我没有任何知觉，没有任何停顿地走到了离家最近的小河边，我把手推车推进水里，使尽全身力气把车子立了起来，鹿鹿从车上滑进了小河，凉爽的河水，激得它一下子站了起来，我立刻扔掉手推车走过去抱着它的脑袋，在我触到它的那一刻，它整个身体倒在我的怀里，慢慢地闭上了眼睛……

我伤心地放声大哭，心痛、委屈、孤独、无助……各种我从未经历过的感受把我包围了。这还不够，因为对于十一岁的我而言，我并不知道接下来具体应该怎么做。

我抱着鹿鹿的身体，把它拖上了岸，又拖进了河边的庄稼地。我不知道当时地里种的是什么，我只记得我从地里或是田地周边掰了很多大片的叶子把鹿鹿盖上了，然后我回家去取铁锹，因为我知道"入土为安"的道理。

我迅速把铁锹取了回来，可是当我把鹿鹿身上的叶子拿开时，它身上已经爬满了蚂蚁，我吓坏了，扭头跑开了……之后两年的时间，我被各种噩梦困扰：找水、找车、找地方、找铁锹等等，梦里是无尽的焦虑和无助。

大概在我上初二的时候，家里又养了一条小狗，我的情绪也被治愈了很多。当我试图跟我叔叔说说两年前的事情时，他非常惊讶地问我："你当时进来找我的时候，鹿鹿不是已经死了吗？"他记忆中的那个炎热的中午，我不是找他求助的，而是陈述了一个结果。我很庆幸他跟我表达这件事情的时候我已经被另一条小狗治愈了，否则我的心可能会痛到极点吧。

　　孩子在环境中是弱势群体，他们往往需要家长的协助才能实现自己的想法和心愿，如果我们做家长的无法体会孩子的情绪，那么委屈甚至是伤害就在不知不觉中造就了。

　　"不就是个玩具吗？"

　　"不就是个滑板车吗？"

　　"不就是去个游乐场吗？"

　　这些我们成人可以轻而易举得到的物品或者到达的场所，对于孩子来讲，可能是他们需要付出很多期待和祈求才能实现的愿望。

　　希望我们和我们的孩子一直处于同一情绪，拥有同样的记忆。在我们回忆起同一件事情的时候，我能快乐着你的快乐，幸福着你的幸福……

Part4
放掉"我认为"，代入孩子的真实情绪

我们之所以很难代入他人的真实情绪，是因为我们会在第一时间用自我感受（我认为）对人和事件进行评判，并且在这个评判基础上付诸行为。

由于我们之前没有从更高维的视角来验证自己的评判，所以下意识会相信这个评判的结果。现在，站在高维视角下，我们首先要做的就是跳出"第一人称"的评判来质疑自我感受，其次代入对方的真实感受，这是能够得到客观评判的基础。

我的眼睛看不清

如果你的孩子跟你说："老妈，我上课的时候眼睛看不清黑板了。"如果孩子的老师跟你反馈说："您孩子上课回答问题的时候总是眯着眼睛，他说看不清黑板，请您带孩子检查视力，必要情况下给孩子配副眼镜。"

这时候你会怎么想呢？会不会认为自己的孩子眼睛近视

了？在 Super 身上就发生过类似的事情。

前一天 Super 跟我说："老妈，上课老师让我回答黑板上问题的时候，我不太能看得清黑板了。"

第二天 Super 拿着 Soldier 的手机念一个笑话给我们听，读着读着眼睛就眯了起来："哎呀，字太小，我看不清！"

我们首先放掉下意识的"我认为"，用 Before 式的思维方式来看 Super 为什么说"我看不清"。

1. 字太小，导致看不清。

2. 眼睛有点儿近视。

3. 遇到不认识的字、不会解的题而心虚，所以下意识找了个"看不清"的理由。

4. 逗你玩儿的一种方式。

5. 通过这种行为吸引关注。

6. 高强度的心理压力所致。

Soldier 拿过手机，指着刚才 Super 读到的位置，把字放大了很多倍问她："这个字念什么？"

Super 不好意思地说："呃，其实我不认识。"

Soldier："不认识就说不认识，这没什么好尴尬的，还眯着个眼睛掩饰，内心这么不自信呢！来，再接着读，有不会的就问。"

Super 不再眯眼睛了，而是："老爸，这个字是什么？那

个字怎么读？"

"笑话"读完了，Soldier 又接着问："Super，你昨天为什么跟你妈说，上课老师让你回答问题的时候，你不太能看得清黑板了？"

Super 想了想，用手捂着眼睛说："应该是老师问的问题我不会！"

我们小时候其实也会有类似的经历，老师让我们起立回答问题，这时候不会该怎么办？"老师，我……我有点儿看不清……"由于被心虚和尴尬的情绪包围，所以连自己都会认为自己真的是看不清（如若不容易代入，请参照第三章《孩子很难解读自己的情绪语言》）。

这类现象也会出现在高强度的压力下，不仅仅是看不清，更可能是看不见。我上初二的时候，班里有两个男生打架，班主任老师先把男生 A 叫到办公室批评了一顿，然后让 A 回到班里把参与打架的 B 叫出来，结果由于心情太紧张，A 在教室里转了一圈，居然没有看到坐在位置上的 B……一个人在高压下，听觉、视觉，还有行为能力都是很低下的。

如若在个人情绪里，我们没有代入孩子的真实感受，就主观地认为孩子眼睛近视了，出问题了，那么孩子在这样的认同感以及心理暗示下，眼睛迟早会真的出问题，这就是由情绪导致的假性近视（短时效近视）衍变成真近视的过程。

不要用"我认为"给孩子定性，给任何人定性，因为我们的认为就对方而言，本身就是一个来自"第三方"的评价，而对于对方真实的内在，我们站在自我角度是很难获悉的。

孩子看不清，可能不是由于眼睛近视，而是想通过这种方式和父母有一个良好的互动，希望换取父母的关心和关注；

孩子经常和某个同学闹别扭，可能不是因为关系不好，反而是因为关系很好，因为彼此信任，所以敢于有小矛盾、小摩擦；

孩子在你面前话多，不是因为他真的话多，可能是他感受到你心情不好，想以此把你带出不美好的情绪；

孩子喜欢吃某种食物，不是因为食物好吃，很可能是因为陪他一起进餐的人让他感觉很幸福；

孩子喜欢发呆，不是因为情绪不好，很可能是因为一个画面引发了他的思考……

其实经常被"第三方"评价的，不仅有孩子，还有我们自己。我突然想到几个关于我的例子：我身边很多朋友经常问我"天天熬夜，你是怎么忍受的？"我说"夜还没熬呢，它就悄悄溜走了……"

还有很多身边的老师认为我喜欢吃零食，因为他们总是看到我在拆各种包裹着零食的快递，而确切来讲，我只是喜欢买，喜欢买给大家吃。

还有很多身边的朋友评价我把太多的时间和精力都给了孩子和家长们，牺牲了旅游和娱乐的时间，可对于我而言，我更享受上课，没有任何"牺牲"的概念，这是我的真实感受。

只要用自我感受去评价对方，其实都是不客观的，我们需要放掉个人情绪，放掉个人视角，代入对方的真实感受，用对方的"眼睛"来看这个世界，这是获取对方真实情绪信息的过程。

而这个过程放在社会关系上是良好人际的开始，放在亲子之间是良好教育的开始，因为教育关注的是在孩子那里产生的情绪和想法。

本章总结

　　父母在与孩子互动的过程中，往往不是代入孩子的情绪去看待眼前的事物，而是下意识地代入了自己看待问题的视角和感受。这是造就在同一事件上，大家感受不一致的核心。站在高维视角下，我们需要放掉个人情绪、个人视角，代入对方的真实感受，用对方的"眼睛"来看这个世界，这是获取对方真实情绪信息的过程。

第七章

教育是关注孩子
产生的情绪和想法

一个孩子看了某些电影情节，晚上吓得不敢入睡。

如果你告诉他："不用怕，那些画面都是假的！"

你觉得他会怎么想？会不会从恐惧情绪里走出来？

一个人害怕的时候，会不会因为听到了几句"别害怕，没什么的"就消除了恐惧情绪？

一个人紧张的时候，会不会因为听了几句"别紧张，小事儿"就立刻放松下来？

一个人伤心的时候，会不会因为听到几句"别伤心，不值得"而变得平静？

以上是一些思维层面的道理，当一个人的情绪没有被触动时，这个人是很难发生改变的。大家都知道中国有一句古话叫作"穷人家的孩子早当家"，但我们也非常清楚，并不是每一个穷人家的孩子都早当家了，只有那些从情绪层面（感受层面）感受到穷困所带来的巨大痛苦的孩子，才能被激发出改变命运的想法。

这就是为什么很多家长给孩子讲了很多道理，最终都是徒劳的，因为这些道理并没有在对方的情绪层面产生任何影响。

以"一个人害怕走夜路"为例：

假如，我们从思维层面告诉他："不要害怕，这个世界上没有妖怪！"这种道理是不会减少一个人对夜行的恐惧情绪的。但如果我们想要达到"减少一个人的夜行恐惧情绪"这么一个结果，应该如何去做呢？

1. 寻找很多人与其结伴而行。

2. 用放烟花等方式让夜晚亮如白昼。

3. 激怒他，因为一个人在愤怒情绪下也就顾不上恐惧了。（这种做法叫作情绪替换，用一种情绪替换掉另外一种情绪。）

如果把一个人"不害怕走夜路"当作教育结果，那么教育的过程不是把"不要害怕"当作要求提出来，而是实施类似于以上三种措施来消除一个人的恐惧情绪。

教育是一个复杂的行为过程，不是从思维层面把结果当作要求提出来，而是搭建一个良好的信息环境去改变孩子的情绪或想法。

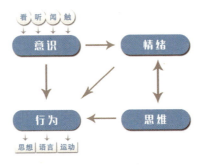

注：信息处理系统示意图

Part1
教育不是把结果当要求

有很多家长非常无力地表述，大到责任心、目标感、使命感的建立，小到按时刷牙洗脸、以东西应该如何摆放、手机应该玩多长时间、房间应该如何收拾等行为习惯的规范……这些都跟孩子讲了很多年，孩子依旧没有什么改变，或者只有微乎其微地改变。难道真的是"江山易改，本性难移"？

江山易改，本性难移

不妨回忆一下，作为家长的我们是如何来"移"孩子的"本性"的？例如，在以下行为出现的时候，你会怎么做？（蓝色字迹代表在教育沙龙或教育讲座中绝大多数家长的回答）

孩子早上穿衣服很拖拉，你会怎么做？

直接说："你快点儿穿！"

发现孩子走路姿势不好看，你会怎么做？

直接提醒："好好走路！"

孩子走路的时候玩手机，你会怎么做？

立刻提醒："把手机收起来，先别玩儿了！"

发现孩子的手很脏，你会怎么做？

直接说："看你手脏的，快去洗手！"

有没有发现，我们下意识的教育方式是"提要求"。当我们把"快点儿穿""好好走路""把手机收起来""快去洗手"这些行为结果当要求提出来的时候，在孩子那里会产生怎样的情绪信息呢？孩子是欣然接受，还是产生了"烦"或者抵触情绪呢？

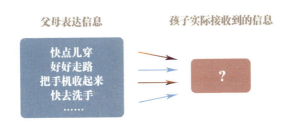

这时候很多家长可能会产生疑惑："我们发现孩子的问题难道就不说吗？"其实不是说不说的问题，而是要关注我们的行为输出在孩子那里产生了什么样的情绪信息，或者关注孩子在想什么。如果每一次"说"换来的都是孩子的对抗情绪，那么还要不要"说"呢？

一个人面对要求时，会产生怎样的情绪

我们来设身处地地感受一下，一个人在面对要求时会产生怎样的情绪？

你坐在公交车上，有人走过来对你说："你这么年轻没必要坐着，把座位让给我！"这时，即便对方是一位老人，你愿意让吗？

你刚到工作单位看到地面有些脏乱，正准备收拾一下，有人走过来对你说："别看着了，赶快收拾一下！"这时，即便对方是你的领导，你愿意接受吗？

你刚到家，包还没放下，有人走过来对你说："快做饭吧，大家都饿了！"这时，即便对方是你的爱人，你愿意接受吗？

感受一下自己被要求时是什么心情，你就能体会孩子面对要求时是什么情绪。一个人在面对要求的时候，情绪层面往往是抵制这些信息的，也就是会产生对抗情绪。

● 王伊，初中生，早上闹钟响了刚坐起来，就听到老妈在催促："王伊，起床了，你看你天天起床拖拖拉拉的，一会儿到学校又得挨老师批评！"话音刚落，王伊由于产生了抵触情绪，立刻又躺下了。

● 张子毅，高中生，放学和同学打了会儿篮球，刚要背书包回家，这时接到了老妈的电话："都几点了，你还不回家？是不是又和你们班那几个同学在一起打篮球呢……"张子毅挂了电话，又拿起了篮球。

在面对所谓孩子问题的时候，我们的第一意识常常是提要求，而这些信息到孩子那里，往往会使其产生抵触情绪和想要对抗的想法。

从这个角度就可以解释为什么"江山易改，本性难移"了，因为"要求"在被要求者那里往往会产生对立或者无效信息。所以教育不是关注我们做了什么，做了多少，而是要关注在孩子那里产生了什么样的情绪信息以及想法。

Part2
教育不是跟孩子讲道理

从小到大，你听到过多少类似的道理：

- 你要好好学习知道吗？好好学习才能考上一个好大学，考上了好大学才能有一份好工作，有了好工作才能……

- 中学生不能谈恋爱，谈恋爱影响学习，你看你们班某某某不就因为谈恋爱成绩下来了吗？难道你想重蹈他的覆辙？

- 你怎么又看那么长时间电视？看电视时间长了对眼睛不好！还有，那些动画片、电视剧什么的，怎么就看不够呢？那有什么用？

- 为什么又看小说到半夜？你这样第二天能有精神吗？现在耽误的时间等你明白过来，想弥补也晚了，没有机会了。

- 回家先洗手说过多少次了？注意卫生讲过多少遍了？

要是因为不讲卫生而生病你说值不值，讲卫生是最基本的认知。

当我们还是个孩子的时候，这些道理你能听进去多少？又会因为多少道理而改变呢？可现在我们长大了，成为父母了，恐怕又把这些道理讲给我们的孩子了吧……

真正能让人改变的不是道理，而是被触动的情绪。

从劣等生到优等生的蜕变

讲述者：蓝甜

我从小学三年级开始成绩就不太好了，从原来各科满分的优等生，突然变成了平均成绩只有七八十分的中等生。

由于我父亲原本是我所在小学的授课教师（在我上小学前调离到其他单位了），所以我在学校的一举一动，都会被我父亲的原同事们传到他的耳朵里，那么我的成绩更是丝毫没办法遮掩的秘密。

有一次我数学考了 70 分，刚回到家我父亲就开始跟我讲道理："数学有什么难的？怎么才考这么少分？我跟你说以后考试的时候首先把题审好，不要还没有读懂题目就开始下笔。解完题要验算，验算的时候不要用你解题的方法。我觉得你还是不够认真，如果认真的话，怎么可能……"我不是不想听，是这样的老生常谈，让我听着听着就走神儿了。

到学校里，老师也找我谈话："你看看你爸爸以前也是咱们学校里的老师，他带的学生，学习成绩都是非常优异的，你看你现在的成绩和你爸爸带的学生怎么比？还有你考的这点分数，学校里的老师会怎么看你爸？"

在我父亲和他前同事的共同"帮助"下，我的成绩有了微弱的提升，三、四、五年级，三年的时间，我把数学成绩从70分提高到了75分左右。

到了六年级上学期，由于压力过大，再加上教我们数学的李老师，年纪也大了，管不了我们了，所以我的数学成绩终于"突破"到了70分以下，偶尔也会不及格。直到六年级下学期，我们换了一位数学老师，这才改变了我的命运。

这位姓申的数学老师比较年轻，和之前的李老师差距很大。申老师对自己的着装很有要求，在我的记忆里，他每天都穿着深色西裤和浅色衬衫（以浅蓝色居多），并且衬衫的袖子总是挽起的，给人一种很干练的感觉。我好像首先是被这种干练的感觉吸引了，所以课堂上开始认真听课，但是，让我产生决定性改变的是在一次放学的路上。

有一天放学，我背着书包一个人低头走在回家的路上，这时候突然有人在前面问我："你低着头，想什么呢？"我抬头一看，申老师竟然伫立在我面前，他发现了走在后面的我。

"我正在想您上课时讲的一道题，我好像没太听懂。"当我回答完这句，申老师就往路边站了站，我也跟着往路边站了站，把过道让了出来。他问我哪道题没有听懂，说着就把衬衣左上角口袋里的圆珠笔取了出来，当我说到是课上讲的第二题时，他就用那支圆珠笔在自己左手的手心写写画画，最终把整个手掌心都写满了……

"你明白了吗？"

"嗯，明白了，谢谢老师。"

"行，回家吧。"他轻描淡写地说了一句，然后把圆珠笔又插进衬衣左上角的口袋里，转身就离开了。

我望着他远去的背影，心想：那手上的笔油一定很难洗干净吧，还有我这么一个成绩很差的学生，值得老师这样做吗？

可能是由于老师对一个劣等生的重视所给我带来的震撼，也可能是由于老师为我路边解题的事情让我产生了感激的情绪……我突然对学习充满了热情：不困、不累、不烦、不燥……每天都很积极，每天都很享受学习。小升初的时候，我的数学考了 99 分，那时候我清晰地记得自己炫耀了一把，当着同学们的面说了一句："哎呀，也不知道那一分扣在哪儿了！"

我曾经一度认为"成绩迅猛提升"的这段经历是非常传奇的，而现在看来，其实是我遇到了一位自己喜欢的老师；让我从情绪层面接受了学习，爱上了他所教授的科目。我想很多人也有类似的经历，当你喜欢某位老师的时候，也会把这种喜欢的情绪映射在他所教授的科目上。

我们很难因为"好好学习，天天向上"的道理而爱上学习，但如果你遇到了自己喜欢的老师，遇到一个或者几个跟你攀比成绩的同学，遇到总是为了某些难题而跟你较真儿的"杠精"……这些都有可能成为你奋力学习的内驱力，因为这些人和事的出现，触动了你的情绪。

所以，能改变一个人的不是道理，而是某些能使其触动的人或事。

Part3
教育是关注孩子产生的情绪和想法

当我们听到孩子说："老妈，你最好了！你是世界上最好的老妈！"这时候，你在想什么？大概是在想：我家孩子又要有求于我了！而很难想到字面意思。我们在环境中所产生的想法，往往不同于字面上所接收到的信息，而我们在面对孩子的时候，常常忽略了这一点，那就是我们传递的字面意思在孩子那里产生了怎样的想法呢？

当我们对孩子说出"看你手脏的，快去洗手"时，孩子在想什么呢？他是在想"看我手脏的，我应该快去洗手"，还是在想"我觉得不脏啊""我刚洗了""懒得洗了""一会儿再洗吧"……

没有关注我们的行为输出在孩子（教育主体）那里产生的情绪和想法，是造就我们教育效率低下的核心原因。

以"洗手"为例，我们带孩子出去玩儿，直接带着他把手玩得脏到他自己都无法容忍的程度：手上都是泥，都是油，都是颜料等等……使他产生"我的手很脏，我要洗个手"的想法和情绪。

教育是去研究和预判，什么样的信息会在孩子那里产生什么样的想法和情绪。孩子在想什么，他产生了怎样的情绪？这是我们需要关注的主体。

我们小时候，父母也没有关注到这一点，所以我们的想法也不是他们想要的。

> ● 小时候，如果你爸问你为什么没考好，这时你在想什么？你会如何回答？
>
> "这次题出得特别难，我们班普遍都没有上次考得好！"（你在想找什么理由）

> ● 小时候，如果你妈问你为什么早上刚换的干净衣服才一天就又弄脏了，这时你在想什么？你会如何回答？
>
> "回来的路上不小心摔倒了，所以才把衣服弄脏的"（你在想找什么理由）

> ● 小时候，如果你爸问你为什么又打架，这时你在想什么？你会如何回答？
>
> "这次真不赖我！是他先动我东西的，是他先动的手！"（你在想找什么理由）

如果你感受到了这些画面是那么的熟悉，说明你同时也感受到了，当你对孩子发问的时候，孩子瞬时产生的想法其实并不是你希望他产生的想法。关于这一点，这里还有更直接的感受和体验，例如：

孩子说："老妈，你最好了！你是世界上最好的老妈！"

妈妈在想："我家孩子又要有求于我了！"

妈妈说："你是世界上最乖的孩子对不对？"

孩子在想："你又想让我做一些我不喜欢做的事情了……"

父母传递的字面意思（表象信息）不是孩子接收到的情绪信息，孩子所产生的想法也不是父母希望孩子产生的想法，这种"信息传递"与"信息获取"之间的不匹配，是教育效率低下的真正原因。

我们应该从我们做了什么，转向去关注孩子产生了怎样的情绪和想法。具体操作实施分为两个步骤：

第一，需要去探究我们希望孩子产生怎样的情绪和想法。

第二，我们需要做些什么，才能达到这个效果。

相较于"提要求"和"讲道理"而言，以上步骤可能会使人感觉有些繁琐和复杂，但这就是教育的过程。更确切地讲，教育其实是一项工程，这项工程需要由教育者来造就。

一个孩子不小心看了某些电影场景，吓得不敢入睡

一个孩子不小心看了某些电影场景，晚上吓得不敢入睡。孩子的妈妈跟孩子说："那些让人害怕的画面都是假的，都是电脑特效做出来的，有什么好怕的？"这时候孩子能从恐惧情绪里出来吗？

我记得小时候有一个时期，总是既恐惧但又忍不住和大人们一起观看《聊斋》，片头是可怕的背景音乐加一个在漆黑夜晚里来回飘荡着的灯笼。那时候这部片子是让孩子们感觉最害怕的影视作品，每次播放到片头的时候，我们几个孩子总是吓得捂着耳

朵，闭着眼睛，而大人们总会笑着对我们说："这有什么好怕的，都是假的！"

联想一下，我们小时候会不会因为"都是假的"这句话，或者大人们讲个道理，就能把恐惧情绪抛在脑后？如果答案是否定的，那么我们的孩子也是如此。

> Super 在四岁的时候，跟她舅舅一起看了一部电影，晚上吓得不敢入睡。她老爸发现她大半夜捂着被子，不敢把脑袋露出来，就问她怎么回事。
>
> 她把被子拉下来一些，只露出两只半眯着的眼睛："老爸，我今天看了一部电影，太吓人了，里面的那些家伙一会儿出现在树后，一会儿又消失了；一会儿出现在眼前，一会儿又消失了……我太害怕了，我怕他们一会儿突然出现在我面前，那样我真的会被吓死的！"
>
> 说着就又用被子把自己捂严实了。
>
> 显然，Super 被这部电影吓到了，所以首先我们希望她能够从恐惧情绪里跳出来，其次是思考我们做些什么才能达到这个效果呢？
>
> "Super，你出来，我带你拍部类似的电影。"说着，Super 就被她老爸从被子里"挖"出来了……然后把她放在沙发上录了一小段视频，之后又为空沙发录了一小段视频，这两段视频交替播放，就出现了 Super 所说的情节：只见她在影片中一会儿出现，一会儿又消失了……
>
> "啊？原来是这样的？"Super 发出了感慨（她自己产生了"假"的想法，而不是她老爸告诉她的）。

"不对，还没完事儿呢。"说着她老爸又往软件里拖进一段音乐，听起来有点可怕了。

"就是这样的，老爸，就是这样的！我和舅舅看的片子也有这样让人害怕的音乐！"

Super听到音乐又看到自己主演的这段视频，瞬时用双手捂着自己的脸，尴尬地说："这也太刺激了吧！不玩儿了，不玩儿了，我困了，要去睡觉了，老爸。"

Super明白了某些电影场景拍摄的原理，所以就跳出了恐惧的情绪。

Soldier一把把Super抱起来，放到了她的小床上，然后把她的手搭在自己的肩膀上，看着她的眼睛对她说："Super，即便你看到的电影中的一切画面都是真实的，有你老爸在，你有什么好怕的？"

Super用力地点了点头，然后躺下，自己盖好被子说："老爸，晚安！"紧接着迅速进入了梦乡。

首先，通过视频的录制与剪辑，Soldier让Super感受到：哇，原来这就是特效，原来一个人瞬间消失又瞬间出现是这样制作出来的。Super从情绪层面认可了这是"假的"，所以才能从恐惧情绪当中走出来。这里的核心在于让孩子感受到这是假的，而不是从道理上让她知道。

其次，在Super成长的过程中，她切实地感受到了老爸对自己各种各样的保护（例如米奇事件），这让她从情绪层面可以认同：即便影片中的那些画面都是真实的，我老爸也可以保护我！所以才达到了让她克服恐惧的效果。

恐惧、紧张是情绪信息，是感知层面的一种感觉，这种感觉往往不会因为道理而改变，但会由于情绪上感受到了某种信息而改变。我们应该输入给孩子所需要的情绪信息，而不是所谓的道理，因为我们自己也不会因为没有触动情绪的道理而改变的。

Part4
教育方程式的使用

教育是传递给孩子相匹配的情绪信息。为了便于大家理解"信息传递"与"信息获取"的过程，在这里提出"教育方程式"的概念。

教育方程式：教育者的行为输出 + 特定属性的教育主体 = 教育主体所产生的情绪和想法。

我们结合"孩子看了某些电影场景"的案例来诠释一下，先看等式右边，我们希望受到惊吓的孩子产生"不用怕，那些画面都是'假的'的想法"，其次针对这个特定属性的孩子（同样的行为输出在面对不同受教者时，由于受教者属性不同，会产生不同的效果），我们教育者应该做些什么才能达到这样一个结果呢？这是需要我们思考和付诸行为的环节。

超仔的困惑

讲述者：超仔妈妈

我儿子超仔今年五岁，他从小是姥姥带大的，姥姥是个十分讲究卫生的人。所以超仔从小就有这样的认识：掉在桌子上的食物不可以再吃，吃了就会肚子疼；脏东西不可以碰，碰了就会生病；其他人的毛巾、贴身衣物自己不可以用，否则就会起疹子……

有一天，几个小朋友到我家来玩儿，这帮小家伙对超仔的上下铺儿童床很感兴趣，就来来回回地上啊下啊的。有一个小朋友热了，就把自己的袜子脱下来扔在了上铺，可是超仔并没有看到，结果就在他快爬到上铺的时候，无意间抓住了另一个小朋友脱掉的袜子。他"哇"的一声之后，迅速把袜子扔了出去，然后立刻从上下铺的扶梯上跳下来，径直跑到洗手间开始细致地洗手。虽然手被反复洗了很多次，但他依旧非常担心，那个小朋友会不会有脚气？脚气会不会传染给自己？自己的手会不会起泡,烂掉……要知道超仔可是一个很在意这些的孩子。

尽管姥姥跟他说了很多次"你的手没事儿，不会起泡，也不会烂掉"，但他依然会时不时地问起："姥姥，我的手不会有事儿吧，它真的不会烂掉吗？"时间就在这样的往复中过了一周。

我感觉超仔已经完全"免疫"姥姥的"道理"了，这件事对超仔而言已经是心病了。我当时就想用自己所学习的"教育方程式"来套用一下，试试问题是不是可以被解决。

我希望达到的等式右边的效果是：超仔不再沉浸于"手会烂掉"的负情绪里，而我怎么做才可以达到这个效果呢？我想到，平时我经常会跟他开玩笑："你其实是爸爸妈妈捡来的孩子。"超仔是不信的，他经常满不在乎地说："在哪里捡的，再去给我捡个妹妹回来吧！"所以我想尝试用开玩笑、逗他的方式让他走出焦虑情绪……

一大早，超仔跑过来问我："妈妈，我的手不会烂掉吧？"

"会！怎么不会？你说得非常对，超仔！你去看着表，大概五分钟你的手就会起疹子了，你快去看着表！"

"啊？"超仔半信半疑地跑到挂钟下面，一会儿看看表，一会儿看看自己的手，一会儿看看表……五分钟过去了，超仔跑到厨房找到正在做早餐的我："妈妈，为什么五分钟过去了，我的手并没有起疹子？"

我完全没有停下手里的活儿："哦？那可能是我记错了，十分钟，你再试试十分钟，十分钟以后应该会起的！你快去试试！"

超仔跑回客厅，一会儿看看表，一会儿看看自己的手……十分钟过去了，他的手依旧没有任何变化。

超仔又跑到厨房，这次还没等超仔开口我就先于他说道："要不你再试试十五分钟？"我一边说着一边歪着头偷偷笑了两下。

"老妈！你是在逗我？！"

"没有，没有，没有，超仔，妈妈是很认真的……"说着我便忍不住笑出了声，超仔看我笑了，自己也忍不住笑了。

我做好了早餐，全家人一起坐下来吃饭，我看了看超仔又看了看客厅墙上的钟表，对着超仔说："超仔，你要不要再观察一会儿？"

"老妈，你好讨厌！"说着超仔和我都笑了，家里的其他人不知道发生了什么，但超仔从此不再问自己的手会不会烂掉了。

超仔担心自己的手会起疹子，是因为他处在一种焦虑情绪里，如果只是单纯从道理上告诉他"你的手没事儿"，他是无法走出焦虑情绪的。而如果让他感受到"你的手有事儿"只是个玩笑，是在逗他，那么他从情绪层面就获悉到自己是真的没事儿了。

超仔妈妈针对个人属性是"能开得起玩笑"的超仔，付诸了一系列行为，成功地用玩笑情绪替换了超仔的焦虑情绪。

针对不同的教育主体，需要"起草"不同的教育方程式，因为无论对于施教者还是受教者而言，大家的个人属性都是变量。

忽略掉这些变量去复制"别人家"的教育案例，这是很多父母去效仿他人教育模式和方法却频繁失败的根本原因。

嫉妒妹妹的姐姐

讲述者：彤彤妈妈

彤彤姐妹相差十一岁，姐姐十五岁，妹妹四岁。

妹妹每次从幼儿园回来，只要看到爸爸在家，就会一下子扎到爸爸怀里让爸爸抱，十五岁的姐姐每次看到爸爸抱着妹妹说话，捏妹妹的小脸蛋儿，都会很羡慕甚至有点嫉妒。

我发现姐姐的情绪很不对，就对姐姐说"你已经长大了，妹妹还小，你记不记得你小时候爸爸妈妈也是这样抱你的"。虽然姐姐表达的是"我知道"，但是我很清楚她对爸爸抱妹妹的羡慕和嫉妒情绪并没有消除。

在学习到教育方程式之后，我在想我和她爸爸要怎么做才能让她从羡慕和嫉妒的情绪里跳出来呢？

一个周末，姐姐带着妹妹先后进了家门。妹妹依旧看到爸爸就冲了过去，爸爸抱着妹妹说了会儿话，拧了拧她的小脸蛋儿，就让她自己到一边玩儿去了。这时候爸爸冲着姐姐说："彤彤过来，让爸爸抱一下！"

姐姐的脸一下子涨得通红："不用了吧，我都这么大了，你抱不动了。"我在旁边附和了一句："你多大都是我和你爸爸的宝贝女儿！"

姐姐既害羞又尴尬地象征性地在她老爸腿上坐了一下，然后找了个理由迅速离开了……从此姐姐再也没有因为爸爸只抱妹妹不抱自己而委屈和不舒服了，因为她切实感受到，老爸抱着自己时不是幸福，而是尴尬。

我们以前解决这些问题的方式往往是说教，要么说"你已经长大了，我和你爸爸抱不动你了"，要么说"你小的时候，我和你爸爸也是这样抱你的"。这些说教往往会让姐姐产生"你们就是不想抱"或者"我长多大你们都应该平等对待"这样的想法。

可是我们真的让她像妹妹一样在老爸腿上坐一下，她就会产生尴尬的情绪，并且在想："我已经很大了，你们抱不动了"。这时尴尬情绪替换掉了羡慕和嫉妒的情绪。

很多问题为什么会进入"江山易改，本性难移"这样的窘境，是因为我们没有顾及对方会产生怎样的想法和情绪，完全是站在自我角度的一种行为输出。当我们想要得到等式右边的结果时，去寻找和尝试等式左边的行为输出，这是解决教育问题的关键。

我是可以被你信任的人

> **讲述者：秦老师**
>
> 有一个名叫果果的小女孩，今年三岁半。她刚报名参加了人生中第一个兴趣班，报名的时候很开心，可是到正式上课的时候问题就来了。她很拘谨，见到我不敢说话，爸爸必须坐在教室窗外可以被她看得到的地方她才肯上课。果果的爸爸跟她讲过好多次："果果，秦老师是很喜欢你的，在这个环境你可以信任秦老师，可以问秦老师问题，也可以跟秦老师聊天……"
>
> 我当时的感觉是，果果爸爸跟她讲这些肯定没有用，但我也不知道怎么做才可以让她产生信任我的情绪。
>
> 直到有一天她正在跟我上课，通过教室的落地窗望出去，发现爸爸不在窗外的椅子上休息了，果果一下子紧张了，眼泪马上就要掉下来。
>
> "果果，如果你不哭的话，我可以带你去找爸爸！"我弯下身子，看着她温和地说道。果果一边把眼泪忍了回去，一边用力地点头。
>
> 我拉着她在各个教室门口转了一圈，没找到爸爸；又出了教学区在电梯旁和楼道间转了一圈，还是没有找到；这时候果果委屈了，眼泪又开始在眼眶里打转了。我蹲在地上平视着果果，把双手放在果果的肩膀上说："我答应帮你找爸爸，就

一定会帮你找到的！"说完又拉起果果的手准备继续寻找，这时孩子的爸爸拎着肯德基回来了……果果开心极了，立刻向爸爸奔了过去，我也走了过去并且对果果说了一句话："果果，以后爸爸不在的时候，我，是一个可以被你信任的人！"果果点了点头，坚定地说道："知道了，秦老师！"

从此，果果在我面前变成了一个话多的孩子。

虽然在帮助果果之前，我也想过用教育方程式来解决问题，可当时并没有想到怎么做才能让果果信任我。不过事后我思考了一下，我的做法恰好符合了方程式中可以让果果信任我的条件。不是告诉孩子"我是可以被你信任的"，而是让孩子通过我的行为输出感受到这一点。

告诉孩子可以信任谁，和孩子自己真正感受到了某个人是值得信任的，后者才会改变孩子的行为。其实我们自己也是如此，谁是最值得信赖的人，也是被我们自己感受到的。

"无论在外面发生了什么事情，你一定要最先告诉爸爸妈妈！"我想很多父母没少跟孩子说这样的话，可据我们当"孩子"的经验来讲，往往在学校或者社会上发生了什么事情，尤其是一些不好的事情，我们最先想到的就是："别让我爸妈知道！"

孩子没有感受到父母是可以被信任的，就不会产生信任下的行为。"相信我"是教育方程式右边的一个结果，我们要怎么做，才能让孩子相信我们，遇到事情第一时间想要告知我们呢？

别告诉我爸妈

那是一个接近十点钟的夜晚，我的一个正在上高二的学生突然给我打了一个电话，从电话那头传出的声音，我能感觉到他正坐在一辆公交车上非常紧张地跟我通话："老师，我犯错误了！"

"你别紧张，发生了什么事情，慢慢说。"我故意放慢了语速来稳定他的情绪。

他调整了几次呼吸，接着表达道："我今天上晚自习的时候肚子特别不舒服，就向老师请了假，到学校旁边的医院挂急诊开了点药。我从医院出来的时候刚好我们学校上晚自习的学生也放学了，我就碰到了我们班的一个女生，她看我还是不太舒服，就让我到她家去坐一坐，休息一下再走。因为她家就在学校附近，所以我也没有拒绝，就想着过去坐一下，吃点药缓一缓就回家。可是就在我到她家喝了药，刚准备在沙发上躺一下的时候，我这个女同学的妈妈出差回来了，她认为我和她的女儿在谈恋爱，所以就不由分说地把我从她们家里赶了出来，我现在心里有点害怕，不知道该怎么办。"

对于我的这个学生，我很了解，他表达得也很真诚，我让他发微信给那个女生，要一下她妈妈的电话，并且打电话给这位女同学的妈妈澄清这件事情以表诚意，如果沟通有困难的话，我也可以帮他一起做一些沟通工作。我大致告诉他应该如何沟通这个事情，他鼓起勇气给女生的妈妈打了个电话，问题最终得以解决，这个孩子最后又对我提出了一个请求："田老师，今天的事儿，能不能别告诉我爸妈。"这句话让我的心里很难过，不知道是体会到了孩子面对父母时的压力，还是体会到了为人父母不被孩子信任的一种心痛。

后来我想了想，在我以及很多人小的时候，都有这种犯了错误不希望父母知道的情绪，看来成为可以被孩子信任的父母，这是一项非常巨大的教育工程。

现在把教育方程式（教育者的行为输出 + 特定属性的教育主体 = 教育主体所产生的情绪和想法）的等式右边设定为"孩子能够产生信任父母的情绪"，那么我们应该有怎样的行为输出才能达到这样一个良好的教育效果呢？下面我们来看一个 Super 的案例。

> 那是一个周三的晚上，Super 睡了之后，姥姥跟我说："她今天在学校被老师批评了，我接她放学的时候，老师还专门把我留下，说了她上课撕纸的事情，把碎纸片撕到地上好多。可是 Super 不让我告诉你们，她跟我说'姥姥我一定改，但是你别告诉我爸妈好吗'，所以我就一直没说。"
>
> 我知道这个信息之后也没有问过她这件事情，直到那周的周六，她看我和她老爸在办公室交流着什么，就走进来跟我们说："老爸老妈，我想跟你们说件事情。我想了想，还是说了吧，要不我憋着难受……"她停顿了一下，又接着表达："前几天老师在学校批评我了，因为我在课堂上撕纸，还弄到了地上，但是我保证以后再也不会了。"说完她就低着脑袋开始抠手指了……
>
> 这时候 Soldier 说了一句："Super，过来！关于这件事情我首先要给你一个大大的表扬！表扬你跟我还有你妈能说

出这样的话！我和你妈小时候是绝对不敢的！其次，课堂上撕纸是注意力不集中的一种表现，我以后再告诉你如何避免这样的问题发生，今天只针对你敢于真诚表达提出表扬！"

她一下子抬起了头，不敢相信自己听到的一切，她紧紧地拥抱了 Soldier，然后立刻冲出办公室，对着外面的几个小朋友大喊："我老爸表扬我了，我老爸表扬我了！"

从表象上来看，Super 对我们讲了老师批评她的事情，这看起来好像很简单，而其实能做到让孩子信任，对父母而言是一项既巨大又细致的工程。

能不能做到方方面面对她的了解，在她需要力量的时候给予她力量，在她需要理解的时候给予她理解，在她需要解决问题的时候给予她方法和方向。让孩子信任我们是需要做很多方面的工作的，而不是"相信我"这么一句简单的话语。

了解我们的孩子

去年 9 月份 Super 上小学了，由于学校只要求周一穿校服，所以周二到周五她早上就会玩一会儿"换装游戏"，一般来讲需要换两到三套，试出一件最满意的，穿着去上学。

在 9 月中旬的某一天早上，Super 照常玩儿着她的"换装游戏"，只是嘴巴里多了几句牢骚："这件不舒服！"，"这件也不舒服！"，"怎么回事儿？我怎么就找不到合适的衣服呢？！"

这时候她老爸突然问她："Super，昨天在学校，老师是不是批评你了？"

super惊讶地抬起头："老爸，你怎么知道？"

衣服不舒服的情绪和被老师批评了借着衣服来散发焦虑情绪，两者是不同的。

Soldier："我不仅知道你被批评了，还知道你是被班主任老师批评了，因为你平时很在乎她对你的看法。"

Super："哎，是的老爸，昨天老师又批评我上课走神儿，可是我总也改不了。"

Soldier："那你就把你的困难跟老师说出来，告诉老师你很喜欢联想。"

Super："不行的，老爸，你不知道我们老师有多难沟通。"

Soldier在Super面前坐下，眼睛平视着她："Super，你知不知道人与人之间最宝贵的是什么？"

Super摇了摇头。

"是真诚，但凡对方能感受到你的真诚，就愿意来帮助你。我能理解老师的处境，因为他们每天都会面对很多的解释，但是只要你真诚表达，老师会捕获到的。你到学校找老师，然后对她说'老师，我有个事情需要您的帮助，我这个人有个习惯，就是特别喜欢联想（这是Super的特质），很多时候您讲课我就会顺着内容开始联想了，但是我真的控制不住自己，希望您在发现我这个问题的时候可以帮帮我。'"

Super似乎感受到这种真诚会赢得老师的理解，她瞬间如释重负，也不再吵吵着"衣服不合适了"，拉着我迅速出发了。

后续的结果是她那天并没有找老师求助，因为她感受到这个问题是可以被解决的，所以就没有那么纠结了。我们自己也是一样，很多问题有时不用被解决，只要我们感受到解决问题的方式是存在的，内心就会轻松很多。

理解我们的孩子

Super 在一年级整个学年结束的时候，迎来了人生的第一个暑假（她上幼儿园的时候没有暑假），彻底地放飞自我四十天后，迎来了她的新学期，她已经是一名二年级的小学生了。

开学后的两周时间里，她总是睡不醒，课本、字典经常忘带，作业不想写也经常写不完，在老师轮番的批评下，她终于病倒了……

那天她没去上学，Soldier 问她："Super，你觉得你为什么会生病？"

Super："嗯，我可能压力太大了！"

Soldier："我看不是压力大，而是批评太多了。"她听了这句不好意思地笑了。

Soldier："我看你放完暑假特别的不适应，一拿笔就手软，一上课就犯困。"她拼命地点着头："老爸，你说得太对了，我就是这样。"

Soldier："你还没有进入开学的情绪，整个人的节奏是乱的，所以才会睡也睡不好，学也学不好，老师看你状态不对，所以就会批评你。你总是在这种混乱的状态里，情绪也不高，所以就生病了。你感受一下，是不是这样？"

Super："是的，老爸，就是这样的。"

Soldier："你想想怎么做，能改变这个状态？"

Super："我从早点儿睡开始吧，以前都睡得太晚。"

Soldier："嗯，这个不错，还有其他想法吗？"

Super："我想参加个课后课，在学校写完作业再回来。"

Soldier："嗯，也可以。我想你只要调整好状态，再回到学校就会不一样！"

Super 二年级刚开学的第一周简直是"惨不忍睹"：时差错乱，经常上学放学在车上就能睡着，记不清楚作业是什么，在学校状态不好被批评……但是我们并没有指责她，因为很多孩子刚开学都是这样的，包括我们小时候，暑假"散漫"惯了，突然又要循规蹈矩了，所以会非常不适应。我们首先理解孩子的状态，其次应该给孩子时间和方法来调整，这是正常的节奏，也是成长所需要的节奏。

帮助我们的孩子

2020 年上半年，大人们居家办公，孩子们居家学习。对于还没有上小学的 Super 来讲，到了五月份（已经居家三个月了）就觉得在家里很无聊了，经常让我带她到小区附近的小广场去玩耍。

第一次带她到小广场的时候，我才发现居家学习和生活对孩子们的情绪并没有太大影响，他们依旧是跑啊，闹啊，欢笑不断……

　　小广场上的小朋友 Super 都不认识，她按下了手里的泡泡机，吸引来了很多同龄孩子的围观，她悄悄跟我说："妈妈，你车上还有好几个泡泡玩具，你都帮我拿下来！"

　　我答应她的要求，把所有的泡泡玩具都拿了下来，她一一分享给了身边的小朋友，大家一起吹泡泡，跑啊，闹啊，Super 很顺利地和大家融为了一体！

　　第二天一出门，Super 便让我带她去便利店买可以吹泡泡的玩具，这样可以吸引很多小朋友跟她玩，我说："Super，今天不可以了。你昨天能够想到用这个办法融入大家，说明你很有智慧！但如果今天还用这个方法，那小朋友们是喜欢和你玩儿？还是喜欢和拥有泡泡机的人玩儿？如果他们喜欢和拥有泡泡机的人玩儿，那么如果有一天你没有了，你就没有朋友了。你需要想办法融入大家，让大家知道是因为有你这个人，你们才玩儿得更开心！"

　　到了小广场，她发现昨天的小伙伴在踢一个玩具球，她找机会进去踢了一脚，然后问她身边的小朋友,我能一起踢吗？那个小朋友说，当然可以，她很轻松地就融入大家了。接着，她提议按照她在幼儿园里踢球的规则去玩，而不是大家一起簇拥着一个球乱踢，大家试着接受了她的建议，果然玩儿得更有意思了。当一切"步入正轨"之后,她在场上歪着头冲我笑了笑。

　　在 Super 第一次想要融入环境的时候，她能够想到分享自己的泡泡玩具，是有想法的一种体现，而第二次还想以这种方式来融入，就会让大家产生"我们和这个孩子玩儿，是因为她有玩具"的想法。我建议 Super 用自己的方法融入环境，而不是依靠玩具。

她尝试到了这种方法带来的美好，所以才会对我欣然微笑，而我在她需要帮助的时候给予了她帮助，就换来了她对我的信任。

有很多家长还是感觉太抽象了："有没有什么办法可以让我们很直接地感受到如何能被孩子信任？"

那我给家长们一个努力的方向吧：我们如何与孩子相处，能让他愿意选择你，选择你成为他的一个好朋友。在他有心事的时候愿意向你倾诉，在他有压力的时候想要找你分担，这时，我们便拥有了孩子对我们的信任。

Part5
教育方程式（精简版）

如果有些家长朋友们感觉按照教育方程式（教育者的行为输出＋特定属性的教育主体＝教育主体所产生的情绪和想法）的指导来传递信息有些困难，那么可以按照教育方程式的精简版来传递情绪信息。（注：每个人都具有追求美好和远离不美好感受的内在属性。）

教育方程式（精简版）： 教育者的行为输出＋特定属性的教育主体＝教育主体所产生的美好或不美好感受。

孩子，你该自己睡了

尴尬版

晓东已经是三年级的学生了，从上一年级开始，爸爸和妈妈就开始轮番做他的工作，想让他自己睡觉。

尝试过爸爸妈妈先陪他睡着，然后再离开他的房间，结果是一离开他就醒了，或者睡到半夜又跑过去找爸爸妈妈。

有的时候父母也会很决绝地告诉他："晓东，你今天必须自己睡！没有任何理由，不要找任何借口！"在这种情况下，他虽然会自己睡，但第二天的精神状态非常不好。

晓东九岁生日的时候，请了很多小朋友到家里来玩儿。小朋友们看到他的单人床上放了一条双人被，有一个同学突然起哄："张晓东，你不会还和家长一起睡吧！兄弟们，你们还有和家长一起睡的吗？"

同学A："我一年级就自己睡了！"

同学B："我记事儿的时候就自己睡了，一个人睡多爽，可以尽情撒欢儿。"

同学C："我八岁的时候就自己睡了，我们家是亲子上下铺床，我睡上铺，爸妈睡下铺，但是现在我完全可以自己睡自己的房间了！张晓东，晚上是你爸陪你睡，还是你妈啊？"

"都没有，没有人陪我睡！"晓东一边回答，一边尴尬得脸都红了。

这时妈妈说："开饭了！"才帮晓东解了围。

到了晚上，爸爸撩开被子，往里推了推晓东打算陪他一起睡觉，晓东突然裹紧了被子说："老爸，你回自己房间睡吧，我们两个男人睡在一起，这算怎么回事？"

爸爸"啊"了一声，感觉莫名其妙……

"你快走吧，顺便帮我把灯关了，谢谢，谢谢了，晚安！"表达完，晓东就紧了紧被子，转身睡了。

美好版

2020 年上半年的北京，很多人都处于居家工作状态，孩子们也不用上学，每天待在家里，除了上网课，就是做自己喜欢做的事情。

铭瑄就是这样一个孩子，她虽然已经上三年级了，但依然不能和妈妈分房睡。每天晚上妈妈睡着后，她就在妈妈身边玩手机。第二天妈妈醒来了，需要工作，可是她又需要睡觉，就把妈妈赶到客厅去，偶尔妈妈回房间拿些材料，她还会很不耐烦，觉得妈妈打扰她休息了……

铭瑄妈妈实在忍受不了这样的日子就向我求助了，我给出的建议是，让她帮着铭瑄布置一下铭瑄自己的房间，根据她的喜好去布置，让她感觉到舒适。

铭瑄平时除了喜欢玩手机，也很喜欢看书，铭瑄妈妈就给她买了一个小小的书架，放在房间的一角，并且在书架旁边铺上了一块非常厚实的云朵模样的地毯，在地毯上无论是坐着还是躺着都非常舒服。自从书架和地毯装饰了房间的一个角落后，铭瑄经常把自己"团"在那个角落看书，甚至很多时候还会在那里小憩一会儿。

还有一块粉红色方形地毯是放在床边的，有了这块地毯的映衬，整个床宛如公主床一般。

铭瑄感受到了这一点，所以对妈妈说："妈妈，你还可以帮我买一个粉色纱帐吗？我要把我的床装饰成公主床。"铭瑄妈妈立刻为她从网上买了一款带支架并且落地式的粉色纱帐。待纱帐被送到时，铭瑄开心极了，她已经迫不及待地想要

自己来装扮自己的公主床了。

　　她把家里的梯子搬出来，然后就开始她的工程了：她让妈妈帮她把架子固定好，接着和妈妈一起，一点点地把纱帐搭在了架子上，之后铭瑄又把自己的毛绒玩具搬到了床上……

　　她钻进粉色纱帐，抱着毛绒玩具躺在自己的公主床上，让自己尽情享受在童话世界里的感觉。

　　到了晚饭时间，铭瑄妈妈做好了晚饭叫她吃饭，发现她已经在自己的公主床上睡着了……从此以后，铭瑄爱上了自己的房间，爱上了在公主床上睡觉的感觉。

晓东之所以选择自己睡觉，是因为和老爸一起睡觉从情绪层面来讲是件很痛苦的事情，因为这种行为会让他的同学们嘲笑和嫌弃；而对铭瑄来讲，自己睡觉是件很幸福的事情，因为有自己喜欢的书架、地毯，还有精装的粉色公主床。

每个人都具有追求美好和远离不美好感受的内在属性。当某个事物能给我们带来美好感受的时候，我们便会主动选择。反之，便会主动远离。从情绪层面来讲，逃离痛苦、寻找美好是人的一种本能。

教育是一种链接，我们帮孩子建立了与事物之间的美好链接，孩子便选择了该事物。反之，便不选择。

教育是一项工程，孩子是一湾溪水，我们要通过挖渠改道让"它"流到该去的地方，而不是没有任何渠道，只是要求"它"过去……

教育是一道数学题，结果在等式右边，需要满足的条件在等式左边，教育者的工作就是把等式左边的条件码齐，让这个等式自然成立。

本章总结

　　教育，不是从思维层面把结果当作要求提出来，也不是从思维层面跟孩子讲道理，而是搭建一个良好的信息环境去改变孩子的情绪或者想法。为了便于家长更好地解决教育问题，可以参考"教育方程式"以及"教育方程式（精简版）"来码齐等式左边的条件以达到等式右边的结果。

第八章

教育是一道
情绪层面的数学题

教育是一道数学题，解题需要三个步骤。

第一，审题——判断与还原事件。

第二，解题——通过教育方程式来解决问题。

第三，检验——验证信息传递是否成功。

教育是一道数学题，首先需要寻找是什么样的客观条件造就了现在的状况（审题）；其次，如何"改写"事件的成因以达到更优、更好、更符合环境的结果（解题）；最后，验证"改写"是否成功（检验）。

Part 1
"审题"是"解题"的基础

当我们遇到教育问题时，不是用 After 式的思维方式来思考问题该怎么解决，而应是首先用 Before 式的思维方式来思考问题是如何产生的。往往当我们还原了事件的全貌时，有些问题其实并不是问题，而有些问题也不是我们想象的那样……

被嘲讽的女生

我带高中生的那年，有一次课间，有个叫穆紫洋的女生非常委屈地过来找我，说有几个男生嘲讽她："他们在背后议论我，说我长得黑！"紫洋说完就开始默默地流泪（这个女生的皮肤确实不是很白皙），显然那些调皮的男孩子们戳中了她的泪点。

我问紫洋："你说的他们是谁？他们是怎么议论你的？"

"就是郭昱天、邹佳鬶、周晨东他们，他们围在一起说女生还是皮肤白皙才漂亮……"说着紫洋的眼泪就再也抑制不

住了。

我说："紫洋，你先稳定一下情绪，然后思考两个问题。第一，他们说女生皮肤白皙才漂亮，是在故意影射你吗？有没有可能只是他们之间的一种陈述或表达？"

紫洋虽然没有说话，但是我能感受到，她还是认为那几个男生是在故意影射她的，所以我接着问了第二个问题："你说，就那几个家伙，具备背地里议论人的属性吗？以他们的性情，想说谁就直接提名字了！"

这句话点醒了紫洋，她的表情告诉我，她在想："是啊，就那些家伙，还需要影射？他们平日里无论议论谁，都是直接带上名字的。"想到这些，她整个人轻松了很多。

接下来我带她到班里，出现在那几个她认为议论她的男生身边："你们聊什么呢？"在听到我的询问后，他们几个男生很自如地回答着，完全没有受到紫洋站在旁边的影响，这也说明刚才他们真的没有在议论她。紫洋看了我一眼，不好意思地坐回到位置上去了。

很多时候，"我感觉"和"我认为"是会"蒙蔽"自己的。例如，开车去一个陌生的地方，去的时候你会感觉路途很遥远，回来的时候就感觉路途变得近了很多，其实距离是一致的；再例如，你上了一节自己特别喜欢的课，你会觉得时间过得特别快，而如果你上了一节自己不感兴趣的课，时间便过得特别慢，但其实每节课的时长是一致的；再假如，你看到自己喜欢或认同的人在规整集体办公区域，你会认为这是勤快，而你不喜欢的人这么做，你大概率会认为对方是在争表现或者另有所图……

　　"感觉"会让我们捕获"自认为"真实的信息，但信息是不是客观，很多人没有思考过这个问题。

　　在第二章"我的孩子'没救了'"中的郑励就是因为缺乏安全感，所以总"认为"大家在"侵犯"他，这就是他在学校频繁动手的原因。

　　但由于之前看待和解决这个问题是从"孩子又打架了怎么办"这个表象视角展开的，所以问题迟迟得不到解决，并且曾经一度让郑励的母亲觉得自己的孩子"没救了"。

　　我们试想一下，如果郑励不认为大家与他的互动行为是在侵犯他，这个问题是不是就可以迎刃而解了？

　　　　记得郑励妈妈第一次带着他来做教育指导的时候，他还是比较精神的，穿着也很整洁。我走到他身边轻轻拍了拍他的肩膀，他立刻回过头攥着拳头就向我冲了过来（由于他缺乏安全感，所以感觉我在侵犯他），我一把把他拦下来，用双手固定住他的胳膊对他说："我知道你认为我伤害你了，但是你体会哪个是真正的伤害？"

　　　　说着，我便放开他的胳膊，像刚才一样轻轻拍了拍他的肩膀，然后对他说："这是第一种，再体会一下第二种。"说完，我便加大了力量和速度又拍了他两下："感受一下，哪个是打招呼，哪个不是？"

　　　　他抬起头跟我说："第一次是打招呼。"

　　　　"郑励，你的问题是经常认为别人在欺负你，这就是你时常动手的原因，当然这样会把很多外界善意的行为理解错误。"郑励听了我的表达后，坐在沙发上拿着瓶水喝了很久……

这个孩子经常动手打架的原因就是，他"认为"对方在侵犯他、欺负他，所以通过刚才的体验，当他感受到"他的认为"可能不真实的时候，他的行为也就有所改变了。毕竟每个人的行为输出都是靠对环境的预判产生的，现在预判被自己质疑了，行为也会随之改变。后期再通过安全感的补给，让这个孩子彻底跳出"自保"情绪，他便不会"认为"大家总是在侵犯和欺负他了。

判断与还原事件是教育的第一步，通过还原事件我们才能知道发生了什么，才能知道真正的问题是什么，这是问题能够被解决的基础。

Super 的弹跳性不好

Super 上幼儿园小班的时候，我去开过一次家长会。老师从 Super 在幼儿园的生活、学习、交友、运动等各方面给了我一些反馈，着重跟我讲了 Super 的弹跳性（跳跃能力）不是很好，让我回家后辅助孩子多加练习。

问题存在与否需要验证。在接下来的日子里，我关注了一下 Super 的跳跃能力。有一次在公园，我为她在地上做了一些标记，让她从 A 点跳到 B 点。伴随着摆臂，她的双腿原地弯曲、绷直，弯曲、绷直……最后应该由双臂、双腿和腰部共同发力把身体弹出去。Super 虽然"前期工作"做得很到位，但最终她却是迈出去的，而不是跳出去的。那种感觉让我想到了小时候在体育课上的跳马项目，很多同学铆足了力气跑向跳

马装置，但在马上就要触碰到它的时候，立刻泄了力量，没有跳起，而是紧凑地走了起来……

当我意识到 Super 不是弹跳性不好，而是不敢跳时，我让她抓着我的一根手指，但其实我并没有给她任何辅助力量，她便能够从 A 点跳到 B 点了，这验证了我之前的判断——她确实是不敢。我把一根手指换成一条手帕，我拿一端，她拿另一端"辅助"她跳跃，直至手帕都被她一个人拿在手里，她跳起来也完全没有问题。

Super 不是弹跳性不好，而是她这个人很谨慎，只有在确保万无一失的前提下，她才敢跳。

如果以"弹跳性不好"为由去训练 Super，她的表现依旧会很糟糕，并且很长时间都不见成效，因为我们将看到的是"她跳不起来"。而如果我们通过还原 Super 的状态，发现她并不是"弹跳性不好"而是"不敢跳"，那我们想一些办法来辅助她"敢"，这个问题便迎刃而解了。

所以"解题"之前的"审题"是非常重要的，"题"审错了，"解题"便无从谈起了。

Part2
有关"审题"与"解题"的案例解析

我做梦梦到妖怪了

高嘉毅，四年级，他最近被自己做的一个梦给吓到了。这个梦让他心神不宁，甚至上课的时候也总是走神。学校里的老师问他为什么走神，他说："我总是被那个妖怪的影子困扰，好像总能看到它！"

老师告诉他："高嘉毅，你要知道，这个世界上是没有妖怪的！"

他的回答是："我自己也知道，但我还是怕呀！"

现在我们能够很清晰地感受到，老师的表达并没有触动高嘉毅的情绪，所以他的想法也不会有任何改变。

回到家，他先把窗帘拉上，奶奶问他："为什么拉窗帘？"

他说："我担心妖怪会跑进来！"

奶奶说："嘉毅，你想多了，这个世界上没有妖怪！"

嘉毅没有欲望再表达什么了……

我见到嘉毅的时候，他已经被这个可怕的妖怪折磨了两三周。他为我详细讲述了这个妖怪的来历："我梦到我和几个小朋友一起到小区的地下车库里玩儿，那里比平时脏很多，里面没有汽车，堆着一排排废旧的电动车。我看到我的一个同班同学被绑在电动车前面的一把椅子上，嘴巴上还封着胶带。我立刻帮他把胶带取了下来并告诉他：'我会剪断绳子救你出去的！'

他说：'你别剪，剪了就会有一个妖怪跑出来！'

我很决绝地说：'我不信这个世界上有妖怪！'说着我就把绳子剪断了，一个可怕的妖怪立刻从我左侧向我扑了过来！我当时就被吓醒了！"

根据这个孩子对事件的描述，我们先来进行教育的第一步：事件的判断与还原。

梦是意识信息的延伸与重组。从情绪角度来讲，梦境中所体现的情绪，往往与现实生活中当事人正在经历的某些事情所产生的情绪是一致的，那么在现实生活中的什么人或者什么事让这个孩子产生了恐惧情绪呢？

我说："近期，你除了梦到妖怪，还梦到了什么？"

嘉毅："我还梦到了发大水，我不停地跑，但最后还是被水淹没窒息而死；我还梦到很多人向我射箭，我躲不开，最终被箭射死……"

我感受到嘉毅近期的梦里都充满着压抑和恐惧情绪，我继续探究现实生活中与该情绪对应的事件。

"我听你爸爸说，你妈妈快要给你生个弟弟或者妹妹了，你妈妈生孩子的时候，你打算做些什么？"

"我肯定是要陪着她的！"我话还没说完，他就已经抢答了。"我现在每天都偷偷把手机带到学校（学校有规定，上学期间是不可以带手机的），我跟我爸都约好了，只要我妈快要生了，他就给我打电话。我也会时不时悄悄看手机的，只要一看到是我爸打来的电话，我就立刻举手跟老师说我肚子疼！我不舒服，快让我爸来接我！然后我就能在医院寸步不离地陪着我妈了！如果她遇到什么事儿，就可以指望上我了！"

通过他的表达，我体会到那种焦虑、紧张甚至恐惧的情绪和梦境中的情绪是匹配的，这说明他为母亲即将生产而担心，他担心这个过程会出什么状况，他对未知的状况感到恐惧。

此刻，教育的第一步——事件的判断与还原基本完成，这个孩子遇到的问题是：担心自己的母亲在生产过程中会出现什么状况。

接下来进行第二步：通过教育方程式来解决问题。

我输出怎样的行为 + 高嘉毅的属性信息 = 高嘉毅可以走出恐惧和担忧情绪（我传递怎样的情绪信息给高嘉毅，能让他走出恐惧和担忧的情绪）

由于担心自己的妈妈，这个孩子处于一种焦虑情绪，他低着头，时不时地搓着自己的手。我"不经意"说了一句："假如你妈妈生宝宝的时候，你正在医院里陪着她，你担不担心她会很疼？"

"肯定担心啊，生孩子一定特别疼！"嘉毅紧张又焦虑地回答道。

我说："那你最近肯定没怎么关注新闻，就这两天，有一位妈妈正在走向医院的过程中，孩子就出生了，不但没有感觉到特别的疼痛，而且还纳闷怎么生得那么快呢！"

他一下子好奇了："啊？还有这样的新闻！"

"是啊，不但有，而且还有很多。尤其像你妈妈这样的，第二次生孩子，应该无论是时间、疼痛度都会比第一次少很多，低很多。"

"老师，那你生宝宝的时候疼不疼？"

"哈哈，我的这段经历很有意思！我最开始没觉得疼，还一直在给旁边的产妇加油、打气呢！你看，我的思想工作都做到医院里去了！"

嘉毅听着也感觉比较有意思，面部表情放松了很多："那后来呢？"他接着问道。

"后来我也感觉到疼痛了，所以就不再讲话了！"

嘉毅又紧张起来了："是疼得没办法讲话了吗？那这时该怎么办呢？"我一脸严肃地说："那没办法，只能忍着！"

"啊？"他的眉头一下子皱了起来。

我看他一脸严肃，不由得笑出了声："逗你的！现在医院里有'无痛分娩'，你可以理解为专业的分娩'止痛针'！大部分是加入少量局麻药的电子镇痛泵，这样在生孩子的过程中，妈妈的疼痛就减轻甚至消失。"

"打了'止痛针'就不疼了吗？"

我说："疼不疼我不知道，我只知道我一个朋友打了'止痛针'之后竟然开始看电视剧、吃零食，整个人特别轻松……"

嘉毅听到这里，渐渐露出了笑容。

"老师，你居然这么清楚？"

"老师，你说你的朋友会看什么电视剧？"

……

　　我们聊得正开心时，我突然说了一句话："要是现在你爸爸给你打电话，说你妈妈生了，你什么感觉？"

　　"啊，这么快？"

　　"对！到时候你就会是这种感觉！"

　　他看着我，一下子轻松地笑了，因为他感受到自己的妈妈生孩子好像也没那么可怕。

　　通过第一步的判断，我发现这个孩子不是害怕妖怪，而是把担心自己母亲生孩子会出问题的情绪，通过各种梦境展露了出来。通过后期的交流，我把他一点点地从恐惧情绪带入到轻松愉悦的情绪里，并且把二胎分娩会比第一胎轻松，以及无痛分娩的一些基本认知在愉悦的情绪里普及给了他，他就没有太多的担忧和焦虑了。

　　后来据他自己反馈，那晚回去他睡得很好，妖怪的事情已经被他抛在脑后了。没过几天，他妈妈给他生了个可爱的小弟弟，一切都非常顺利。他对妈妈生弟弟那天的经历是这样描述的："我放学回到家，爷爷告诉我，我妈妈生了，我们就一起到医院去看我妈妈和弟弟了。"

　　当时我在想，对，就是这个感觉，他获得妈妈生弟弟这个信息的时候，就应该是在这样一个平静又轻松的感觉里。

　　这个"故事"从表象来看是一个孩子由于梦到妖怪而产生恐惧情绪的事件，但核心却是这个孩子由于对"妈妈即将生产"这件事的极度担心而产生了恐惧情绪。

　　同一个表象有多种多样的成因，我们要通过情绪的代入与事件的还原，找到是什么样的条件造就了现在的结果；其次通过情绪信息的传递改变当事人现有的情绪和想法，这样就达到了解决问题的目的。

Part3
"验证方式"
——以孩子获取的情绪信息为准

通过以上案例，我们能够感受到，教育的第一步，是判断与还原事件；第二步，通过教育方程式右边的结果，确定我们应该传递怎样的情绪信息；第三步，以孩子获取的情绪信息为准，验证信息传递是否成功。

其中，第三步"以孩子获取的情绪信息为准"，是为了避免家长进入"我认为"的情绪传递模式。例如：很多父母认为自己的行为输出是为孩子好，但以孩子获取的真实情绪信息为标准来看，孩子获取的其实是压力。从孩子的角度解读信息的传递，父母在孩子情绪层面施加的是压力，而不是父母认为的"为孩子好"。

从孩子获取情绪信息的角度来看，信息传递者应当注意以下两点：

A. 相同的行为输出 + 不同的教育主体 = 教育主体所产生的不同情绪。

从情绪获取的角度来看，由于不同的教育主体所具备的属性不同，所以相同的信息会被不同的教育主体处理为不同的情绪信息。

例如：同样一句话，表达给不同的对象，对方获取的情绪信息是不同的。

> 有一次，我在一个小型沙龙现场回答妈妈们的问题，在回答了几个问题之后，我有点儿想上卫生间，所以我就很真诚地表达说："稍等，我上个卫生间。"
>
> 刚离开几步，我又走回来对其中一位穿深绿色裙子的妈妈说："我是真的想上卫生间，不是不想回答大家的问题，一会儿回来大家可以继续提问。"她瞬间脸就红了："不好意思，田老师，我刚才真的认为您不想继续回答我们的问题了。"

一个很简单的"起身离开"的行为，在不同对象那里就会被解读成不同的信息。有的人可能会解读为"对方真的想要去趟卫生间"，有的人可能会解读为"对方不想回答我的问题"，也有人可能会解读为"对方在逃避我的问题"。每个人都是一组变量，所以相同的信息，在不同属性的主体面前就是不同的信息，即便对方获取的是相同的信息，在"度"或者"层次"上也是有区别的。

我想，现在很多家长就能够理解，为什么无论是"好孩子是被夸出来的"，还是"棍棒底下出孝子"，都常常处于"失效"状态了吧。因为任何一种固有信息的传递，在不同教育对象面前，都会被解读成不同的情绪信息。

一句"你真棒！"表达给孩子，孩子是会因为这句表扬而备受鼓舞？是会呈现出一副满不在乎的样子？还是会表现出一种

"这就棒了？"的嫌弃和质疑……

答案是：都有可能。

从这个角度也可以解释，为什么"别人家孩子"的经典教育案例很难"复制"到自己孩子的身上。因为孩子的属性不同，家长的属性也不同，再加上环境中存在的很多变化性因素……所以直接"复制"的话，就会由于各种条件的不匹配而导致一个非常高的失败率。

B. 不同属性的教育者 + 相同的教育主体 = 教育主体所产生的不同情绪。

从情绪传递的角度来看，由于不同的教育者所具备的属性不同，所以不同的教育者输出相同行为时，会被同一教育主体处理为不同的情绪信息。

例如：不同属性的个体都表达同一句话给相同的对象，对方获取的情绪信息是不同的。

> 讲述者：刘向楠
>
> 我上初中的时候，老妈给我买了一本《中学生优秀作文选》，老妈跟我说："你多看看作文选，有助于提升写作能力。"我只是随便附和了一下，并没有阅读过里面的任何一篇文章。
>
> 后来我的一个好朋友通过阅读作文选，作文质量有明显提升，她建议我说："你多看看作文选，有助于提升写作能力。"我当时就产生了抵触情绪，心想："你刚获得点儿成绩，就到我这里来'显摆'了是吧！"

再后来语文老师把我叫到办公室，语重心长地跟我说："你多看看作文选，有助于提升写作能力。"我不但回家把家里的作文选一口气全看完了，还到学校图书馆借了几本，一并用最短的时间也都看完了。

你是不是在学生时代也有这种感觉呢？如果有一位让你特别信服的老师，你便特别愿意听从他的建议或安排；而相同的话从其他人口中讲出，你的信服度往往没那么高，甚至是抵触的。

这就是不同的行为输出者，哪怕讲的是一样的话，但是对方获取的信息却是不同的。对于行为输出者而言，权重越高，传递出的情绪信息就越直接！

在教育指导的过程中，信息传递不仅受到教育者属性的影响，还受到教育主体属性和环境信息变化的影响。由于环境是比较复杂的一个变量，所以在本书中暂不进行详细介绍。我希望家长朋友们通过本书可以找到一种传递情绪信息的感觉，在这种感觉下去协调教育者、被教育者以及环境之间的关系，进而实现良好教育的结果。

鉴于在传递信息过程中有太多的不确定因素，我们把教育指导是否成功，设定在孩子是否接收到了相匹配的情绪信息上，以此作为验证信息传递是否成功的标志。

Part4
教育是一道情绪层面的数学题

我觉得英语课没意思

假如，你的孩子早上醒来后告诉你，"妈妈，我不想学英语，也不想再去上英语课了。"这时，你会怎么回答？

妈妈："你为什么不想上英语课呢？"

孩子："因为我觉得没意思。"

妈妈："学习哪里是由着你靠'有没有意思'来选择的，这不是不学英语的理由！"

我想妈妈们大概会按以上思路来跟孩子对话吧？大家有没有发现：首先，以上只是针对字面意思的互动，并没有进行事件的判断与还原；其次，孩子已经产生了"没有意思"的想法，妈妈的那句"学习哪里是由着你靠'有没有意思'来选择的"，是没办法打消掉孩子产生的厌学情绪和想法的。

有一天早上醒来，Super 就开始掉眼泪，她情绪很低落地跟姥姥说："姥姥，我不想学英语，也不想再去上英语课了。"（英语课程时间是在当天晚上）

姥姥："为什么？"

Super："因为我觉得没意思。"

姥姥："这事儿我做不了主，等你爸妈晚上回来，你跟他们说吧。"

Super下午放学回来，一想到晚上的英语课就心情忐忑并且又开始掉眼泪，最终她还是没能走出情绪，所以当晚的英语课她请假了。我和Soldier一回到家，她立刻走过来抹着眼泪跟我们说："老爸老妈，我真的不想再学英语了，我觉得特别没意思。"

　　首先，我们来进行教育的第一步：事件的判断与还原。用Before式的思维方式来看Super为什么不想去上英语课。早上，姥姥跟我描述了Super的情况后，我向姥姥了解了一下，上周英语课的课堂上发生了什么，大致内容如下：英语老师提出了问题，她非常积极地举手，但老师可能是没看到，所以选择了其他同学来回答；课下，她和同班的一个同学因为一个笔帽好像还发生了点儿不愉快……对于Super这个孩子的个人属性而言，她觉得在某个环境中没有意思，往往源自于她在环境中没办法实现自己的价值感。

　　所以对于这个事件的基础判断应该是：Super在那个环境里，无论是老师没有给她回答问题的机会，还是和同学的关系没有处理得太好，都让她的价值感产生了缺失，所以才会产生"没有意思"的想法。这种感觉有点像我们小时候，哪个游戏自己玩儿不好，就会觉得哪个游戏没意思；哪个科目自己学不好，就会觉得哪个

科目没意思……

我们首先要让 Super 认识到，她下意识地想用"没意思"来逃离"没做好"。

> Soldier："Super，你以前学游泳的时候，为什么不觉得游泳没意思？"Super 看着 Soldier，不知道老爸为什么会提起学游泳的事情。
>
> Soldier："因为你那个时候游泳确实游得还可以。"Super 听 Soldier 表达完，点了点头，她觉得是这样的。
>
> Soldier："你和'四小只'（她最好的四个朋友）在一起玩儿的时候，为什么不觉得没意思？因为他们都听你的，你和他们的互动也非常开心。"Super 听完极力地点头。
>
> Soldier："可是你现在为什么觉得学英语没意思？因为无论是在英语学习上，还是在英语学习班和同学的互动上都没有那么美好，所以你想要逃离了！"
>
> Super 听了 Soldier 的一番话，感觉豁然开朗！由于很难发现自己情绪的由来，所以她也不知道为什么自己感觉很难受，不想上英语课，但 Soldier 讲完之后，她心里的结突然被打开了一半，因为她感受到让自己难受的点在哪儿了，也感受到问题在哪儿了。

孩子很难解读自己的情绪，他们往往只是会觉得不开心、难过或者想要逃离，但具体因为什么其实并不清楚。在生活和学习中，父母帮助孩子解读自己的情绪，是让孩子能够客观看待自己和了解自己的基础。

现在找到了问题的根源，那么接下来进行教育的第二步，按照教育方程式来传递情绪信息：教育者应该传递怎样的情绪信息给这个孩子，让她放弃逃离环境的想法呢？

> Soldier接着问Super："我以前当兵,后来为什么不当了？"
>
> Super："因为你觉得没意思！"
>
> Soldier："我为什么觉得没意思？"
>
> Super："因为你已经是最好的战士了！"
>
> Soldier又接着问Super："我以前经常背着装备出去拍照,现在为什么不去了？"
>
> Super："因为你觉得没意思！"
>
> Soldier："我为什么觉得没意思？"
>
> Super："因为你已经是那个圈子里最好的摄影师了！"
>
> Soldier："那你有什么资格说上英语课没意思？难道你已经是那个班里最好的学生了吗？"
>
> Super张了张嘴巴,什么都没有表达,也好像找不到词汇来表达……
>
> Soldier："首先,如果你希望回答老师的问题,你可以课下跟老师沟通,你告诉老师,你在很努力地思考和争取回答问题,但是时常都没有机会,你可以让老师给你个机会尝试一下。更可以通过课下努力,提高思考问题的速度来获得回答问题的机会。其次,我不管你和同学之间发生了什么,我都归类于你的沟通能力差,在这点上如果你愿意,我可以帮你。但无论如何,我只接受去面对问题,不接受逃避问题！一个被环境打压的人,没有资格说'没意思'！"

> Soldier 给出的解决问题的方法不但打开了 Super 另一半的心结，而且一句"一个被环境打压的人，没有资格说'没意思'！"还把 Super 彻底点醒，给了她解决问题的信心和力量！
>
> Super 信心十足地说："我明白了，老爸！有需要帮忙的，就找你，如果再逃避，你就像今天一样批评我！"

Super 不但从情绪层面感受到自己为什么会说"没意思"，更体会到面对困难的时候首先是需要面对和解决的！Super 跟 Soldier 沟通完没过多久，她就跟姥姥说："姥姥，我饿了，有吃的吗？"从这点可以看出她的情绪释然了不少，之后她还拿起姥姥的手机给她老爸的朋友圈点了两个赞。从这两点反馈来看，Super 已经接收到 Soldier 传递给她的情绪信息，帮助她走出了困扰自己的情绪。不仅如此，第二周去上英语课的时候，她一身轻松，回来的时候手里还拿着一把小扇子，说是英语老师奖励给她的！从 Super 的状态角度来看，这次教育指导是成功的，第三步，验证结束。

玩物丧志

> 王以轩是一名四年级的小学生，以轩妈妈说以轩最近迷恋上了漫画。放学回家吃完晚饭就开始看，她和以轩爸爸怎么催他写作业他都不肯，简直是玩物丧志！每天都要看到晚上九点左右，才勉强把漫画书放下去写作业。为了让以轩能够及时把作业做完，以轩妈妈不再给他买新的漫画书了，但即使这样

也没能让以轩把写作业提上日程，他开始把看过的漫画书进行"二刷"和"三刷"……

以轩妈妈过来进行咨询的时候，已经在考虑要不要没收他所有的漫画了……

教育第一步：审题——判断与还原事件。

我听了以轩妈妈对事件的描述后，问了她一个问题："你觉得以轩是迷恋漫画所以忽略了写作业，还是面对'写作业'情绪紧张，所以选择通过看漫画来缓解或者逃避呢？"

以轩妈妈先是愣了一下，之后她回过神来说："田老师，您的这个问题，让我想到很多孩子一说写作业，就要喝水、吃东西、上厕所……"

"是的，情绪是一致的，都是为了缓解和排解'写作业'带来的紧张情绪，只是以轩选择的形式是看漫画而已。但这个问题到底是玩物丧志，还是缓解压力？它的关键点在于，在没有作业压力的时候，他是否还'痴迷'于漫画呢？例如：出去游玩的时候也想看，上学放学的路上也想看，和同学们在一起互动的时候也想看等等。就像很多孩子迷恋手机一样，吃饭、上厕所、睡觉、和同学一起玩儿，无论什么时候都惦记着手机。"

"他好像不是这种，出去玩儿的时候他还是比较享受和我们一起交流和互动的，而且上学、放学的路上都是爷爷开车接送，如果他很痴迷于漫画的话，他会要求在路上看的，但其实他并没有这么做。"

"那么，'看漫画'就是他逃避压力的一种方式了。他的情绪大概是这样的，每天吃完晚饭就到了写作业的时间，可是以轩一想到写作业情绪就很紧张，这时候就通过看漫画来逃避写作业的压力，这种逃避随着时间的推移让他没有办法继续了，因为太晚了作业就真的写不完了，所以到了九点左右也只能硬着头皮开始写作业了。"

"还真是这样，田老师，还真的是这样！每天到了快九点的时候，他就有点儿不安了，看看表，犹豫一会儿，走动一下……差不多到九点了，感觉不得不写作业的时候才开始写的。"

通过对事件的还原，我们不难发现，以轩并不是玩物丧志，而是在面对学习、写作业的时候，内在是有压力的，所以在这种情绪下，他通过看漫画来缓解和逃离。就像很多孩子一说写作业就通过喝水、吃东西、上厕所来逃避压力是一个道理，只是对于孩子而言，自己并没有意识到这些行为是由于想逃离写作业的压力而产生的。

想要让以轩能够顺利完成作业，那么接下来进行第二步，按照教育方程式来传递情绪信息：教育者应该传递怎样的情绪信息给这个孩子，让他在面对学习的时候没有压力呢？

我首先让以轩妈妈体会：假如你工作了一整天，刚回到家就有人催促你：今天工作完成得怎么样？吃完饭赶快去工作；别看手机了，赶快抓紧时间工作；再不工作，睡得太晚明天又起不来……你是什么样的情绪，你会不会感觉到压力呢？

孩子也是如此，由于周围人群对学习的关注，造就了他们本身面对学习、作业便会产生压力感，在这种压力状态下，孩子很难进入写作业的情绪（代入我们是孩子的时候，也能够体会到这种情绪）。当我们体会到了，就能理解孩子的解压行为了。

其次是去体会，我们上了一天班，回到家需要的是什么。即便还有工作需要处理，是不是也愿意坐在沙发上休息一下，吃点儿东西，看会儿电视，"刷"会儿手机，上个厕所，等情绪放松下来，再进入到工作状态。如果我们感受到了这一点，那么也可以让孩子做一些类似的事情，放松一下心情，这是缓解压力的一部分。

试想一下，如果以轩妈妈没收了以轩的漫画，就相当于我们成人工作了一天回到家，剥夺了我们吃点儿东西、看会儿电视、"刷"会儿手机的解压方式，让我们直接再次进入到工作状态，这样会让我们的情绪层面很焦虑，工作上也会很低效。再类比到孩子身上，由于没有了"解压通道"，孩子不仅写作业的效率很低，可能还会由于情绪无处散发，产生多动或者抽动的行为。大多数孩子的抽动或多动来自在环境中找不到情绪的释放点，所以通过身体抽动来缓解，这就是大家经常听到的"多动症"或者"抽动症"的成因之一。

以轩妈妈体会到以上情绪后，我建议她让以轩放学回到家先做一些自己喜欢做的事情，因为即便家里人没有人督促他学习，但学生面对作业的压力还是有的，所以适当地放松心情，可以缓解他面对学习的紧张情绪。

除此之外，我们还可以帮助孩子进入到学习的情绪里去，可以把学习当作家长和孩子之间的一个互动话题、聊天话题，而不是一个针锋相对的话题。我分别分享了和小学生，还有初中生互动的场景，让以轩妈妈去体会如何帮助孩子进入到学习的情绪里，而不单单是写作业的情绪里。

有一次，我看到一个孩子在背诵冰心诗集《繁星》中的一段节选：这些事——是永不漫灭的回忆，月明的园中，藤萝的叶下，母亲的膝上。

　　他是这样背诵的："这些事，这些，这些事，是，是永不漫灭的，永不漫灭的回忆，永不漫灭的回忆，的回忆……"十几分钟过去了，他依然烦躁地背诵着。

　　我说："小伙子，你过来，你们家有院子吗？"

　　他说："北京的家没有，不过我外地舅舅家是有院子的。"

　　"在我小的时候，我们家，邻里街坊几乎每家每户都是有院子的，而且院子里还会种一些花花草草，可能还会搭起葡萄架，种一些葡萄……"

　　"我知道，我知道，我舅舅家的院子里也种了好多葡萄。"

　　"嗯，没错！那时候的夏天，大家都喜欢坐在院子里乘凉，一抬头就能看到月亮高高地挂在天上，大人们在一起聊天，嗑瓜子，扇扇子，墙上爬满了绿植，不但美观，而且带来了凉爽。我们小的时候，玩儿累了，就坐在母亲的膝上休息一会儿，但往往坐着坐着就睡着了，这就是我们的童年，你可以体会下冰心是不是在这样的情绪里呢？"

　　这时候，那个孩子脱口而出："这些事——是永不漫灭的回忆，月明的园中，藤萝的叶下，母亲的膝上。田老师，我感觉脑子里好像出现了很多画面……"

　　我让以轩妈妈去体会，一旦孩子进入到学习的情绪里，学习是非常高效的，这种高效就好像具备了复制能力一般，但无法进入到学习情绪里的时候，就只能靠外界一点点"填鸭"进来了。

　　其实我们每个人都有这样的感受，如果你遇到了一位自己喜欢的老师，你会发现，他所教授的科目，你并没有过多地努力学习，但是成绩却是非常好的。那是因为，在你喜欢某位老师的时候，很容易进入到他的授课情绪里，而在同一情绪下的信息获取效率就如同复制一般。

而如果没有进入到学习的情绪中去，就可能会有很多小动作了，例如：想吃点东西，喝点水，出去溜达溜达，上个厕所……感觉自己熬了好久，可是一看时间才过去几分钟……这就是进入情绪和没有进入情绪的差别。

除了让孩子进入到学习的情绪里，我们还可以扩大学习的概念，而我认为学习其实本该如此，那就是在生活中去互动学科里的内容，在学科里去思考在生活中的使用。

前几年，有一个初一的学生问我："田老师，我们班很多同学都在大量地做数学题，您觉得我有没有必要进行题海战术呢？"

我反问："你觉得有没有必要呢？"

他思考了一下说："我觉得有吧。"

我继续问道："你为什么觉得有呢？"这个学生顿时词穷了。

我接着表达道："数学不仅是一门应用学科，更是一门人文学科，它本身承载的强大的逻辑关系不仅用于解题，它更深远的意义在于可以帮助我们用不同的逻辑关系及思维视角来看待和解决各个领域里的问题。就拿你刚才问的'有没有必要进行题海战术'来讲，这个问题的解答本身就需要逻辑关系和高维视角。首先，一个学生如果连基本的公式和定理都不清楚，即便是做再多的习题也是迷茫的。所以题海战术应该建立在对公式和定理有一定理解的基础之上再展开；其次，在题海中巩固了对公式和定理的理解和了解，那么深度被理解的公式和定理，再一次促进和提升在题海中的解题效率……如此往复，相互促进，相互提升。"

"哇！这个问题原来应该这么看！"

"不仅是在数学学科中这么看问题，更应该把在学科中涉及的逻辑抽离出来，放在其他各个领域，包括工作和生活中，来看待和解决问题，这才是学习的真正意图和意义。"

我让以轩妈妈按照我传递给她的这种感觉回去跟以轩进行互动。之后，每天以轩放学，她就和以轩一起看会儿电视，做点儿吃的，晚饭后，她和以轩聊着天，讨论着她小时候学习的感受，以及成人后对学科的应用，就帮助以轩非常高效地把作业给做完了。不仅如此，她还把学习的意义通过互动传递给了以轩。

通过以轩妈妈的反馈，以轩已经把学习和生活融为一体，再也没有什么压力感和负面情绪了。教育指导完成了第三步，验证结束。

以上案例是两次完整的教育指导过程，希望大家可以参考和借鉴着解决自己家里的教育问题，但一定要注意是参考而不是"复制"。

有很多家长可能会觉得这"数学题"解起来太复杂了，有没有什么方式，可以再次提高教育的效率呢？答案是：有的！教育有一条捷径可走，这条捷径的名字叫作"妈妈是女王"！

本章总结

　　教育是一道情绪层面的数学题，解题分为三个步骤：第一，代入对方的感受来判断问题的成因；第二，通过传递相匹配的情绪信息来改变对方的情绪或想法；第三，通过教育指导对象的行为反馈，验证信息传递是否成功。

第九章

情绪信息的
高效传递

女王妈妈："看你手脏的，快去洗手！"

孩子回复："好嘞，老妈！我去去就来！"

女仆妈妈："看你手脏的，快去洗手！"

孩子回复："我觉得不脏啊""我刚洗了""我懒得洗了""一会儿再洗吧"……

教育，首先是做"对"的人，其次是做"对"的事。往往人做对了，事也就对了。——摘自《妈妈是女王》

通过以上对话我们可以发现，面对一个在自己心目中高权重的人，对方的信息输出，在我们这里是"直译式"——信息接收者处于直接获取信息的状态。反之，当我们面对权重比较低的对象时，对方传递的信息往往会使我们产生对立情绪，导致信息无效或者反向。

想象一下，假如父母在孩子意识层面是权重比较低的角色，那么，当对孩子提出"看你手脏的，快去洗手"的要求时，孩子会产生什么样的情绪呢？恐怕一句"我觉得不脏啊！"立刻就会脱口而出！

家长在孩子意识层面的权重不够高，往往会让孩子产生两种极端反应：一种是天天跟你对抗，认为你说的什么都不对；另外一种是根本不搭理你，因为根本就不愿意跟你对话。

如果父母在孩子意识层面具备高权重，那么孩子会下意识"复制"父母的行为和思维方式，以及自动搜索父母意识层面的需求和喜好。就像一个孩子特别崇拜自己的老师，他会下意识搜索什么样的行为输出，会满足老师意识层面的期待，并且崇拜程度越高，越会下意识模仿老师的语言表达方式、行为方式以及思维方式等等。

如果家长们之前思考的教育是"做什么""怎么做"，那么从现在起，应该去思考如何成为孩子意识层面拥有高权重的那个人，如何成为孩子意识层面的偶像，这就是高效、良好教育的开始。否则，教育便是一次次信息低效或无效传递的结果呈现。

Part 1
不做丧失权重的父母

很多听过我讲座的家长都感受到了权重的重要性、信息传递的重要性，以及与孩子相处的重要性等等。但大家通常会有这样的疑惑："如何才能建立高权重呢？"我想表达的是：孩子一出生，父母本身就自带足够高的权重，这是"纯天然"的！所以，与其说如何去建立高权重，不如说我们做父母的，首先要警惕权重的丧失。

让孩子嫌弃的行为会降低权重

有一次带 Super 到商场买玩具，那天下着小雨，天气不是特别好。我和 Super 刚走进商场，就看到一位脑袋上套着塑料袋的妈妈，拉着一个小男孩急匆匆地走了进来。孩子大概七八岁的样子，进入商场的第一件事就是挣开妈妈的手，并且非常尴尬和嫌弃地看了一眼她脑袋上套着的那个塑料袋。

可能孩子的母亲会有很多理由，例如：刚做的发型怕被雨水破坏，或者担心被雨水淋湿了会感冒等等，但"脑袋上套塑料袋"的行为显然已经让孩子嫌弃了。父母的行为让孩子产生嫌弃情绪，那么父母便丧失了在孩子心目中的权重，而权重的丧失就意味着丧失了教育的高效性。但由于父母在与孩子相处时，时常处于个人情绪，所以很多父母都会忽略这一点。

> 有一次，在北校区的一楼，我一下子就关注到了一对母子，因为他们在众多亲子当中特别醒目——两个人分别坐在三人沙发的两端。男孩看起来大概上初一、初二的样子，母亲时不时地提醒他："你东西都带齐了吗？"男孩手里拿着本书，一边翻看着，一边不耐烦地回答了一个字："嗯。"这位母亲好像完全没有顾及到孩子的情绪，提高了音量继续说道："你这个丢三落四的毛病，不知道什么时候才能彻底改掉！上次你也说东西都带齐了……"男孩迅速看了母亲一眼，用眼神阻止了母亲的表达，意思是：大庭广众的，您说这些，已经让我非常尴尬和不好意思了！
>
> 但母亲的音量并没有消减，她继续"好意"提醒："行行行，我不说了，一说你就生气！那你记得今天下课离开的时候一定要跟老师打招呼，我感觉你上次下课后好像直接扭头就走了……"说到这里，一楼休息区的其他家长和孩子下意识地抬头看了一眼这位母亲话语中那个不讲礼貌的男孩。男孩尴尬到了极点，迅速起身，走到了一个离母亲最远的沙发上坐下了……

在我们还是孩子的时候，父母的很多行为也会让我们在环境中感觉很难堪，但现在我们"升级"为父母了，便也开始按照个人属性散发自我情绪了。想给孩子提建议，提醒孩子，帮助孩子等等，这些都可以理解，但问题的核心在于，教育的主体是孩子，他需要这些吗？父母的这些行为输出在孩子那里产生的真实情绪是什么？这是我们需要关注的。当父母的行为输出让孩子产生嫌弃情绪时，父母的权重便在大大地降低，教育的效率更是在大大地降低。

服务心态会降低权重

> 由于工作原因，Super 上小学后，我能去接她的次数也变得比较少了。但在为数不多的几次里，我也被家长们为孩子提供的"周到服务"震撼到了。
>
> 孩子们会被老师带到小广场，在"解散"二字被宣布之后，很多家长冲上前去帮孩子把书包、水壶卸下来背到自己身上，然后递上事先准备好的水果和零食……

我第一次见到这种场景的时候，误认为"服务者"是孩子家里尽职尽责的保姆，可当我听到孩子叫"妈妈""姥姥"或是"奶奶"的时候，那种复杂的心情很难描述。

如果母亲是孩子意识层面的"女仆"，那么母亲将处于一种"怎么做怎么错，怎么做都不合适"的尴尬境地。有一位母亲曾经分享过这样一件小事，我想可以作为"女仆"妈妈真实处境的一个代表案例：

> 前一晚，我提醒女儿第二天有美术课，让她把水彩笔装进书包，她一脸不耐烦地说："知道了，知道了。"结果第二天早上到学校门口，想起没带水彩笔，然后立刻开始责怪我为什么出门前没有再提醒她一次。

"提醒"换来的是不耐烦，"不提醒"换来的是责怪。妈妈如果是孩子意识层面的"女仆"，一切就都错了！说也错，不说也错；做也错，不做也错；管也错，不管也错。不仅如此，"女仆"妈妈带给孩子的"高亢"对决情绪，会让孩子变得丢三落四、节奏紊乱、行为效率低下。

情绪化会降低权重

> 在工作单位，如果你的领导是一个特别情绪化的人，你会尊重他、拥护他、服从他的管理吗？恐怕大家对这位领导的评价是："你看，领导又想一出是一出了。"
>
> 那么，父母的情绪化也会让孩子产生类似的想法，对父母作出不客观、不理性的评价，随之而来的权重降低也是肯定的。
>
> 在我工作室进行学习的一位妈妈曾经分享过她小时候的一个经历。邵莉上小学的时候，有一次请自己最好的朋友到家里吃午饭。妈妈做了很多孩子都喜欢吃的"炸春卷"，邵莉和自己的好朋友都非常喜欢这道菜，把炸好的春卷吃了个精光。

邵莉的朋友走后，邵莉的妈妈对她说："你们小孩子一点都不懂事，我辛苦了一上午，你们都不知道留点儿春卷给我，自己都吃光了。"

邵莉记住了，第二次朋友来家里做客的时候，妈妈又做了炸春卷，这次她特意为妈妈留了一些在餐盘里，可是朋友走后，妈妈却说："辛苦了大半天，你们都没吃完，以后不做了！"

父母在孩子面前肆无忌惮地让情绪左右着自己，如何能在孩子意识层面建立高权重？又如何能让孩子尊重自己？更何况孩子还具备解读情绪语言的天赋（见第四章）。

本书第三章"无辜的快递"中，妈妈把辅导孩子写作业的情绪发泄到了正在拆快递的爸爸身上；"世界上最乱的家"中，妈妈把白天在单位压抑的情绪，晚上回到家散发在了儿子和老公身上；"星星爸爸的烦恼"中，爸爸把早上追尾事故的情绪，晚上回到家散发到了儿子和妻子身上……

父母有没有就事论事，有没有把在其他事件中的情绪代入到眼前事件当中，对于孩子而言都是可以感受到的。这类情绪化的父母，非但不能教会孩子客观、理性地看待问题，反而会由于非理性的行为输出，降低了在孩子意识层面的权重。

Part2
权重来自对孩子的尊重

在获取情绪信息层面，我们和孩子是平等的，所以孩子内在最期待的是被当作"成人"一般尊重。你小时候有没有这样的感觉，如果你被老师请到办公室，一起谈谈班里某个活动该如何举办，或者聊聊班里某些同学最近状态如何……这时候往往会感觉无比的荣幸和幸福，因为你感受到了尊重和平等的情绪。

在与孩子互动的过程中，有很多家长意识到孩子有叛逆、不听话的现象出现，这类问题所导致的焦虑情绪让很多家长都痛苦不堪，所以在我每年接受的教育咨询中，有关孩子"叛逆"的，是占了很大一部分比例的。

当然，在没有向我咨询之前，很多家长可能也去寻找过一些解决问题的途径，包括找其他老师或者专家去咨询，那么很多专家给出的反馈是孩子缺乏安全感，孩子时刻在保护自己等等……但我并不这么看这个问题。

造就孩子"叛逆"这种表象行为的内在情绪有两种：

第一，想证明自己。证明自己有想法；证明自己长大了；证明自己不是家长想象得那么没有能力。

我们静下心来思考，试想一下，回忆一下，代入一下。如果是别人，我们可能不了解，就说说我们自己，即便是我们自己没有叛逆过，我们来看身边的同学、朋友，大家叛逆的主要出发点是什么，是不是想证明自己长大了！

父母提醒你早睡早起，注意身体，你会说："我知道"。

父母提醒你检查书包，别忘带东西，你会说："我知道"。

父母提醒你好好学习，在学校不要打架，听老师的话，你会说："我知道"。

为什么面对这些提醒，你会在成长过程中的某个时刻感觉非常厌烦，因为你处在一种父母把你当孩子的情绪里，而你在意识层面又是一个"成人"，所以经常会产生抵触情绪。

第二，有一些孩子在这种互动方式下，养成了一种性格属性，叫作要强、逞强。他为什么会要强，为什么要逞强？还是那种内在情绪，为了证明自己是一个"成人"。

有些孩子为了证明自己强，不惜付出惨痛的代价。

他为什么会这么做？因为他太需要被认同，太需要被肯定！而这种被认同和肯定，绝不是我们现在很多家长所作出的那种"你真棒""你真好"式的肯定。他们想要的肯定是一种成人化的，是一种叫作平等和被尊重的情绪。在这种成人化的肯定和尊重下，父母的权重便被保住了。

如果父母把孩子当成人看，便不会那么唠叨，也不会那么事无巨细，更不会当着外人的面称呼他为"乖宝宝"。

以上行为实际上都是一些很尴尬的行为，至少在孩子面前是很尴尬的，尤其是父母当着孩子朋友们的面作出以上行为时，会让他在他的朋友圈里很没有面子，而这个没有面子都会转换成对父母的嫌弃情绪。这就是为什么，很多时候父母的表达或是建议哪怕是对的，孩子也不想听，因为他正处于一种嫌弃情绪里。

所以对于父母而言，首先不是去考虑如何提升权重，而是考虑如何保护好"天然的权重"。

Part3
权重来自对孩子尊严的维护

当你还是个孩子的时候，如果在某个环境里说错了话，或者做错了事，你希不希望有人能够站在你的角度帮你解决问题，维系你的尊严呢？

当你已经长大成人，在人际交往过程中有一点小的失误，你希不希望有人站在你的角度帮你打打圆场，维系一下形象呢？

在环境中维系自己的孩子

一位爸爸带着自己四岁的女儿到冰淇淋店吃冰淇淋。女孩儿不小心把冰淇淋抹到了手上，她环顾了一周，在冰淇淋店的一个角落看到了两个正在聊天的服务员。

她挥手示意："阿姨，我想要两张餐巾纸。"等了一会儿，对方没有反应，她又喊了一声："阿姨，请给我两张餐巾纸。"服务员依然还在聊天，没有听到女孩儿的呼喊，这时小女孩儿不耐烦了，她大喊了一声："服务员！我需要餐巾纸！"这时，服务员终于听到了，有些不好意思地把餐巾纸送了过来……

面对孩子所谓的"不讲礼貌"，作为家长的我们，应该如何解决和处理这个问题呢？把孩子当众教育一番，还是把服务员当众批评一顿，还是选择忽略这些信息，任由环境中的每一个人去评论这件事情……

假如女孩儿的爸爸当众指责女孩儿："你怎么这么没有礼貌！"

你觉得孩子会服气吗？会不委屈吗？假如女孩儿的爸爸把服务员当众批评了一顿，那么周围环境里的顾客很可能会认为这位爸爸太过娇惯和溺爱自己的孩子了……

> 女孩儿的爸爸接过服务员手里的餐巾纸递给了自己的女儿，然后微笑着对服务员说："她有点不高兴了，闹小脾气呢，她叫了您好几声，您都没有听到，她有点不开心了。"说着，爸爸回过头来摸了摸女儿的脑袋，又转向服务员说："没事儿，谢谢啊。"服务员带着歉意的微笑离开了，周围有几名顾客往小女孩儿这儿看了看，微笑着说："这小姑娘真有意思，还不高兴了。"

父母在环境中这么做，可以同时满足多方需求。

第一，满足孩子被保护、被维护的需求。

女孩儿喊了服务员很多次，对方都没有回应。是服务员的无视和私聊行为把她逼急了，才使得她大喊的，可是结果却显得她好像没有素质。

但这些，通过爸爸的表达"她叫了您好几声，您都没有听到，她有点不开心了"，让大家理解了她刚才的行为不是没素质，而是这小姑娘"被逼急了，闹小脾气呢"，维系了孩子在环境中的形象。

代入我们还是孩子的时候，不管是有心，还是无意间说错了话、做错了事儿，即便当时就后悔了，但对于孩子而言也是没有能力去补救的。这时，我们的父母非但没有在公开场合指责我们，反而站出来帮我们补救，维系我们的尊严和形象，那么即便当时我们还没有意识到自己的问题具体在哪里，但是有人这样维系了自己，是不是也会很感激、很领情呢？在这种情绪下，回到家里，父母再指出自己的问题，如果你是那个被维系了的孩子，你会不听从父母的教诲吗？

第二，满足了环境中每个人的需求。

女孩儿的爸爸没有对服务员进行指责，只是道出了孩子呼喊的原因，在服务员把纸巾递过来的时候也替孩子表达了谢意。他没有要求孩子在委屈情绪下还要说"谢谢"，而是自己代劳了；更没有对服务员进行批评和指责，而是用一句"没事儿，谢谢"来带过这个事情，既然对方已经提供了应有的服务，也没有必要让对方尴尬和不舒服；还有就是对于冰淇淋店里的其他顾客而言，他们依旧可以安心就餐，惬意地聊天……使得环境中的每个人都很舒服。

第三，保证了父母和孩子之间的关系（信任和权重）。

代入我们小时候的情绪，假如在以上状况下你的父亲或者母亲如此维护你，那么这个人在你心目中的权重是不是直线上升？作为父母，对任何一件事情的处理，意义和影响都不只是在事件本身。孩子在事件中获取的信息，决定了孩子在今后的生活和学习中是否能从情感和能力的双方面信任自己的父母。

女孩儿爸爸对事件的处理，不仅获得了孩子的信任，更赢得了在孩子心目中的权重。而信任和权重是孩子在今后的人生中，是不是能把很多事情分享给自己的父母，以及是否能听从父母建议的基础条件。教育无小事，每一件事情对孩子而言都是独一无二的，每一件事情又都会对他们未来的人生产生影响。

很多人从小到大，即便只有一次被维系的经历，都会使其终生难忘。

这是我的学生

讲述者：孙颖（1978 年出生）

我刚上初一的时候，发现学校竟然有图书馆。虽然我不太爱看书，但感觉"借书"和"还书"的过程很酷，所以就和班里的同学一起到图书馆借了一本。

一周后到了还书的时间，虽然借阅的那本书才读了几页，但其实我只是为了找借书的感觉嘛，所以就很痛快地到图书馆还了。图书管理员检查我要还的那本书时，发现有一页是破损的，就制度而言这本书是需要我赔偿的。

当我听到这个消息后，压力简直是太大了，因为我们那个年代没有什么零花钱，并且如果告诉父母我弄坏了图书馆里

273

的书，需要赔偿，我母亲肯定会痛骂我一顿的。想到这里，我眼泪立刻掉了下来，我向图书管理员解释："老师，我不知道破损的这页是不是我弄的，我借回去其实都没怎么读……我没有发现有一页是破损的，我不知道什么时候变成这样的……"我感觉自己闯了大祸，非常自责自己为什么不知道书竟然变成了这样，也不知道该如何解决这个问题，更不知道回家该如何跟父母交代……当我站在原地只知道流眼泪的时候，突然听到有人用厚重的声音说了一句："这是我的学生！"我回头一看是我的班主任老师，不知道为什么，我的眼泪流得更不受控制了。

班主任张老师走到图书管理员面前又重新表达了一遍："这是我的学生，您有什么问题，可以直接跟我沟通，我是她的班主任！"

我今年已经四十多岁了，这件事情也过去近三十年了，不知道为什么，张老师对图书管理员说的那句"这是我的学生……我是她的班主任"，我至今都非常清晰地记得。后来张老师帮助我把这个事情解决了，具体如何解决的，我并不清楚。在那样一个年龄，我好像不太会跟老师沟通。但我清楚地记得，从那件事情之后，我对张老师布置的所有事情都特别上心。他强调卫生，我就在大扫除后最后一个离开，仔细检查每一个角落的卫生是不是清理到位；他强调体育，我就在放学后锻炼身体，训练体能；他强调学习，我就非常刻苦和努力，并且还和同学调换了座位，调到了靠近讲台的位置，以便认真听讲。

看了孙颖的表述，你有没有想起自己在成长过程中，那些维护和保护过自己的人。就拿我们成人来讲，如果身边有那么一个人，在你进退两难的时候，在你手足无措的时候，在你痛苦纠结的时候帮助过你、维系过你，你是不是会觉得非常感动？那么孩子就更是如此。

在我们小的时候，由于行为能力受限，如果有这样一个人出现，为我们解围，帮我们摆脱困境，哪怕只有一次，我们都会记一辈子，什么时候想起都依然会觉得很感动。甚至这样一个人的存在会影响孩子的成长轨迹，"长大后我就成了你"就是这类影响的真实写照。

Part4
权重来自孩子在情绪层面的"心服口服"

在孩子心目中高权重的建立，来自孩子情绪层面对我们的认同。

语文老师是我们的班主任，他姓董。我们班的同学对他的评价出奇的一致：挺拔的身躯，一身的正气！

初二那年，有一天是语文晚自习，上课铃响了，董老师却没有出现。平时那两三个踩着上课铃进班的同学发现老师没在，就直接驻足在门口观望了，后来变成了"五六个"在门口"透透气"，再后来变成了"十几个"站在楼道里聊起了天。因为董老师从来没有迟到过，所以这突发的"意外"居然让我们认为董老师今晚不会出现了。在那个自律性比较差的年纪，大家越来越放松，渐渐开始享受这"自由"的夜晚了。

不知道谁喊了一句："老董来了！"所有在楼道里的同学瞬间跑进教室，坐回到了自己的座位上。当时我心想：完了！给老师起外号，叫老师"老董"，老师今晚势必会"揪"出是谁喊的，或者干脆集体受罚，今晚"不好过"是肯定的了……

果不其然，董老师一脸严肃地迈上讲台，随即把教科书往讲台桌上一拍，本身还有翻书声的教室，瞬间变得鸦雀无声了……

大家都很清楚——董老师要生气了！他抬手指向我们说："老董来了！"听到这句，我心里一紧，想着："完了，完了，完了……任何老师都不会接受学生给自己起外号的。"

可是接下来的一句却是："你们用的这个'来了'暴露出的是一种什么心态？！"

那一刻，所有人的目光都聚集在了董老师身上！他计较的居然是"来了"？而不是"老董"？他的关注点简直太出乎我们的意料了！

他接着表达道："这是一种什么心态？是一种需要被监督、需要被督促的心态！我的学生如果是这种心态的话，是一种让我失望至极的状态！我来了又如何？不来又如何？难道你们是为我而学，为督促而学，为监督而学的吗？如果是这样，我宁愿不来！"

董老师的这一番话，讲得我们羞愧至极，他"完胜"了我们！我们"输得"心服口服，他用他的大格局赢了我们的小想法！从那刻起，我们整个班的同学集体向"德智体美劳"方向全面发展了，因为我们不想在一种被监督、被督促的心态里成长！

无论是老师，还是家长，在"赢"孩子的同时，不但在孩子内心建立了权重，还会促进孩子的成长。因为"赢"所带来的"心服口服"，会让孩子无形地向高权重那一方所期待的方向去发展。

你从情绪层面"赢"过自己的孩子吗？如果答案是否定的，那么孩子的成长方向便是不可控的。

"赢"是一种对真实情绪的获悉

Super 六岁那年，有一天她拿着半根雪糕对 Soldier 说："老爸，你要是一口能把它吃掉，你就特别厉害！"

"这还不简单！"话语间，老爸拿起雪糕一口将它"消灭"！——假如是这样的话，父亲在情绪层面就已经"败"给了孩子。

Soldier："我不厉害，我吃不掉！"

Super 突然接不上话了……

Soldier 看了看她，接着表达道："你这半根雪糕要是吃不了，就直接说！不要要这些'你一口吃掉就厉害'的小聪明！"

Super 脸涨得通红，一把把雪糕塞给 Soldier："吃不了，吃不了，真的吃不了了！"说完就羞愧地跑开了。

Soldier 获悉了 Super 的真实情绪——她想要个小聪明，让 Soldier 欣然把她剩下的雪糕都"消灭"。如果家长没有捕获到孩子的真实情绪而真的这么做了，那么首先就从情绪层面"败"给了孩子，失掉了权重；其次，由于"赢"这种感觉是美好的，孩子还会把这种小聪明作用在其他人身上去获取更多的美好感受。

现在 Soldier 通过解读出 Super 的真实情绪而"赢"了她，

让她在情绪层面感受到的是尴尬和羞愧，那么她在意识层面就会远离这种"耍小聪明"的行为（追求美好和远离不美好感受是人的一种本能）。

孩子小时候的这种"小聪明"，由于客观年龄摆在那里，会让很多人觉得孩子是"有意思"的，但随着年龄的增长，这种"有意思"便和一个人拥有大智慧的发展方向是背道而驰的。这时候的"赢"遏制了孩子往"小聪明"方向发展的可能性，为孩子换来了真诚的品质和具备更大情怀的基础。（真实情绪是"耍小聪明"，孩子与父母"逗着玩"的情绪除外。）

"赢"是一种对情绪的引领

> 郝利凯，四年级，他在课堂上用自己团的小纸球频繁地丢向其他同学。下课后，他被新上任的班主任带到了办公室，老师坐下后，刚要开口批评，他立刻获悉了老师的想法，在老师开口之前就开始承认错误："老师我错了！"
>
> 郝利凯的这一句"我错了"让老师瞬间"词穷"，老师缓了一下问他："你错在哪儿了？"

从"你错在哪儿了？"这句开始，老师就已经"败"了，因为这句"你错在哪儿了"已经顺延了这孩子的情绪，换句话来讲，郝利凯正引领着话题。

老师："你错在哪儿了？"

利凯："我不该上课的时候拿小纸球丢同学，老师，我以后再也不这样了。"

班主任老师听到利凯这样的表达，竟无言以对！利凯不仅知道自己错在哪里，而且也表示"以后再也不这样了"。这时候好像不放他回班里都有点说不过去，所以老师就让他回去了……

如果你是这位班主任老师，是不是感觉情绪被堵在了胸口。在整个对话过程中，完全由一个学生引领着情绪，主导着话语权！这些还不是最重要的，最重要的是郝利凯由于轻松"赢"了老师，回到班里就跟其他同学表达道："我这一认错，老师根本拿我没办法！"

老师的"败"不仅自降了权重，更让人头疼的是郝利凯如果不加以教育指导的话，便会在"赢"老师的道路上越走越远……

放学后，利凯的班主任老师也感受到了孩子的这种情绪，就把事情的经过以及其他同学的反馈，以微信的形式向利凯的妈妈表述了一下，里面关键性的一句话是这样表达的："到办公室以后，您的孩子迅速获悉了我的想法，在我展开批评教育工作之前就已经承认了错误，这反而让我很被动，不好再说些什么了……"

现在与孩子"博弈"的重任就放在了利凯妈妈身上，如果孩子"赢"了，那么这个孩子以后就很难把老师和母亲放在眼里了。

> 回到家，利凯妈妈问利凯："今天你们老师找我，跟我说课间带你去办公室了？"
>
> 利凯："是的，老妈。我已经向老师承认错误了，老师也……"
>
> 利凯妈妈："我问的是这个吗？我问的是你在学校做了什么吗？"利凯妈妈打断了利凯的话，利凯一下子蒙了，他没有猜到老妈的想法，也不知道老妈接下来要问的是什么。
>
> 利凯妈妈："你在学校做了什么我不管，那是你自己应该处理好的事儿！但记住，我不接受你的老师因为这些事情来找我！清楚了吗？"
>
> 利凯："哦哦，我知道了，知道了老妈。"

利凯认为老妈找自己谈话是因为"自己被老师带到办公室"，而老妈介意的点却是"你为什么让老师找我？"矛盾点的转变是利凯完全没有想到的，所以利凯妈妈"赢"了他，也引领了情绪。

利凯妈妈在情绪上"赢"了利凯，利凯便不会在老妈面前产生"我要把你的思想和表达都'堵上'，让你没办法责备我"的想法，当这一点被利凯妈妈"赢"了之后，对利凯的批评教育通道就又被打开了（无论老师因为什么事情找到利凯妈妈，她都可以因为"老师找我了"而批评利凯）。

由于利凯在"战败"情绪里，所以在学校大大收敛了"胡闹"行为，并且为了避免老师"告状"，他还频繁地跟老师互动，一切都在向着积极和美好的方向发展……

父母在孩子面前的权重丢失，有很大一部分源自父母没有意识到，自己在情绪层面往往被孩子引领了……

　　一个想要撒娇的孩子跟妈妈说了一句："妈妈，我今天心情不好。"

　　孩子的妈妈便跟着附和道："宝贝，你怎么就心情不好了？"就这么一句，情绪已经被孩子引领了。所以我们的回答应该往"让孩子跳出情绪"的方向去努力。例如：把矛盾点聚焦在"今天"上，问她："哦，那你哪天心情好，我在日历上标注一下。"

　　孩子："标注？为什么要标注？"

　　妈妈："本来有事儿要跟你说，既然你今天心情不好，那我们就等到标注日期到来的那天再说。"此时，瞬间把孩子带出了情绪。

　　回答方式不拘泥于以上给出的这种内容，只要是能把孩子带出原有情绪的对话都可以。当父母引领孩子情绪的时候，就掌握了教育的主导权，只有这样，孩子的成长方向才是可控的。

"赢"是一种对思维方式的考验

> 有一次 Super 跟我一起走在"未英胡同"（位于北京西
> 单附近）的街道上，她看了一眼路标对我说："老妈，'喂鹰
> 胡同'是喂了一只大鹰吗？喂了一只多大的鹰啊？"
>
> 如果妈妈回答："不是啊，这个'未英'不是你说的'喂
> 鹰'"，这时候做母亲的就"败"了，你认为孩子真的不知道
> 这两者之间的区别吗？她能说出"喂鹰胡同"就说明她已经读
> 取了指示牌上的文字信息。

这种问法是孩子思维方式很活跃的一种体现，也是和家长
互动方式的一种体现。就好比孩子跟你开了个玩笑，可是你却认
真对待起来，这时候不但失了权重，还会让孩子感觉你很无趣。
此时，你应该瞬间捕获到她的思维视角，以及进入到她的视角里
去"赢"她。

> 我拍了拍她的脑袋说："你还知道'喂鹰'？你都知道
> 哪些鹰啊？"（以上回答是把矛盾点设定在"鹰"上，也可以
> 把矛盾点设定在"喂"上："喂了一只多大的鹰不重要！重要
> 的是看谁喂，怎么喂！"）
>
> Super 看我瞬间接上了她的问题，并且精准获悉了她的想
> 法，便无奈又有点佩服地冲我做了个鬼脸。
>
> 我看她要放弃在"喂鹰"这个方向上的"博弈"了，
> 立刻补了一句："这个地方以前确实是皇家喂鹰、训鹰的
> 集中地！"

Super 一听，立刻瞪大了眼睛，张大了嘴巴看着我，她没想到自己无心的一个玩笑，居然引出了"未英胡同"的"前尘往事"……

与孩子之间的"博弈"，其实是一种良性的沟通方式，除了可以增加父母的权重外，最重要的是教孩子拥有一种不被限制、多角度看待问题的思维方式。在这种思维方式下的互动过程中，父母还能为孩子补给更多以及更丰富的认知。

我们在跟孩子"计较"和"赢"得权重的过程中，不仅体现了平等的互动关系，而且还实现了对孩子真正地拔升。这种拔升在于孩子从父母那里获取的情绪信息以及思维方式，是他在未来环境互动中素质与能力的体现。（情绪丰富是素质的基础体现；思维视角是能力的基础体现。）

"赢"是一种感觉、感受的传递

在第八章"我觉得英语课没意思"中，Super 被情绪左右了评判。

在学习英语的环境里，无论是老师没有给她回答问题的机会，还是和同学的关系没有处理得太好，都让 Super 的价值感产生了缺失，所以才会产生"没有意思"的想法。如果只是从道理层面让她认识到"学习不是由着性子"而做的事情，那么她根本无法跳出"英语课没意思"的情绪。

Soldier 传递了两种情绪信息让 Super 恢复到客观视角。他让 Super 去体会：

第一，在你擅长的领域，你为什么不觉得没意思？（这一点在 Super 体会了"游泳"和"与'四小只'互动"的感觉后，她找到了答案）

第二，一个被环境打压的人，没资格说没意思！（这一点 Super 通过感受 Soldier 的经历，找到了答案）

Soldier 从情绪层面赢了 Super，Super 感受到自己是因为"没做好"而产生了畏惧情绪和想要逃离的想法。Super 在各种感觉的综合作用下，找到了客观看待自我情绪和客观看待自己的感觉。

> "英语事件"后，我的一个朋友带她女儿乔馨到我们家和 Super 一起过周末。乔馨比 Super 小一岁，她特别喜欢 Super，在楼下玩儿的时候一直跟在 Super 后面，时不时地微笑着喊 Super "姐姐"；在家里玩儿的时候，也是只小"跟屁虫"，时常跟在 Super 身后："姐姐你需要什么，我帮你拿"。
>
> 可是 Super 却总也不让乔馨帮自己，更不想让乔馨碰自己的玩具。晚上，乔馨和妈妈在家里睡下了，Super 跑到我们房间跟 Soldier 说："老爸，我想了想，其实我不喜欢别人老'巴'着我走。"（Super 在探究她"不想让乔馨帮自己，也不想让乔馨碰自己玩具"的真正动因是什么）
>
> Soldier："你怎么得出的这个结论？"
>
> Super："因为乔馨妹妹和我，就跟 Happy 和我玩儿的东西差不多（Happy 是 Super 的另一个好朋友，也很喜欢和

Super 一起玩儿），但是乔馨老给我递这个，拿那个的，我不喜欢。而我和 Happy 各自玩儿各自的就很开心。"Super 不喜欢乔馨总是迁就着她或者说"服务于"她。

　　Soldier："嗯，你分析得很对！"

　　Super："我明天打算告诉她，我们一起玩儿就好，你不用老给我递东西。"

　　Soldier："挺好的，这样问题就可以解决了！"

　　Super 很满意地准备从我们房间离开时，Soldier 补了一句："你认为她在任何人面前都是这样的吗？"

　　Super 瞪大了双眼，意思是我怎么没想到！随后说了一句："谢谢老爸，老爸真好！"便转身离开了。

　　Soldier 的意思是，乔馨不是在每个人面前都如此迁就对方的，因为她喜欢你这个姐姐，所以才愿意帮你拿东西。Super 体会到了这一点，所以才会说："谢谢老爸，老爸真好！"

　　Soldier 又一次"赢"了 Super，不仅帮她拓宽了思维视角，而且还在这样一场场"博弈"中进步了！因为孩子在被父母"赢"得心服口服的过程中，也在"复制"父母的思维和行为方式。"博弈"是一个很好的"教"的过程，更是一个很好的"学"的过程。

　　我们是孩子的时候，也会由于敬佩某人而下意识地模仿对方，朝着对方意识层面期待的方向去发展。从这个角度也可以理解，为什么父母在孩子意识层面具备了高权重，孩子的成长和发展方向才是可控的。

　　父母具备了高权重，才能引领孩子的情绪、思维以及行为方向。

而如果父母的权重比较低，那么孩子便处于一种对抗情绪，由于对抗，孩子的行为"反弹"到哪个方向完全是不可预测的。

如果说我的著作《妈妈是女王》为大家提供了一种高贵的感觉，帮助大家找到了教育的捷径，那么这本《学习一门与孩子沟通的语言》则是帮助大家体会高权重在信息传递层面的直接与高效。

希望大家能通过这本书的指引，做轻松又智慧的父母，希望父母通过高效的信息传递，培养出真正有素质、有涵养、有能力的孩子。

注：文章中所使用的名称除 Soldier、Super 外，均为化名。